교실 속 AI 교육

❷

교실 속 AI 교육 ❷

발행일	2022년 3월 10일		
지은이	강동훈, 이수빈, 이유진, 윤서화		
펴낸이	손형국		
펴낸곳	(주)북랩		
편집인	선일영	편집	정두철, 배진용, 김현아, 박준, 장하영
디자인	이현수, 김민하, 허지혜, 안유경	제작	박기성, 황동현, 구성우, 권태련
마케팅	김회란, 박진관		
출판등록	2004. 12. 1(제2012-000051호)		
주소	서울특별시 금천구 가산디지털 1로 168, 우림라이온스밸리 B동 B113~114호, C동 B101호		
홈페이지	www.book.co.kr		
전화번호	(02)2026-5777	팩스	(02)2026-5747

ISBN	979-11-6836-204-8 04370 (종이책)	979-11-6836-205-5 05370 (전자책)	
	979-11-6836-202-4 04370 (세트)		

(주)북랩 성공출판의 파트너

북랩 홈페이지와 패밀리 사이트에서 다양한 출판 솔루션을 만나 보세요!

홈페이지 book.co.kr • **블로그** blog.naver.com/essaybook • **출판문의** book@book.co.kr

작가 연락처 문의 ▸ ask.book.co.kr

작가 연락처는 개인정보이므로 북랩에서 알려드릴 수 없습니다.

2

교실 속
AI
교육

강동훈·이수빈
이유진·윤서화 지음

 북랩

contents

1학기(1권)

2학기(2권)

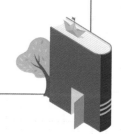

	학년	업무	인물 소개
교장		업무총괄	교육활동에 있어 교직원들을 적극적으로 지원해 주며, 독서교육에 관심이 많음
교감		업무부총괄	수평적인 학교문화를 만들기 위해 힘쓰며, 교직원들의 자율성을 존중함
교무부장	1	학사일정 운영, 체험학습, 전·입학처리 등	교감 발령을 앞두고 있으며, 새로운 것을 배우는 걸 좋아함
연구부장	전담 (과학, 체육, 도덕)	학교 교육과정 수립, 동료장학, 학교 평가 등	학교 교육과정에 대한 전문가, 수업 전문가로서 후배 교사들에게 수업에 대한 적절한 조언을 함
장지영	2	인성, 독서 교육	8년 간의 긴 육아휴직을 마치고 복직함, 공백기에도 불구하고 노련하게 학급을 운영함
박소현	3	체육 교육	본교에 첫 발령을 받은 2년 신규교사, 주어진 일을 빠르고 효율적으로 익힘
임현숙	4	생활 안전 교육	퇴임이 얼마 안 남은 원로 교사, SW와 AI 교육을 어려워함
김다희	5	작은 학교 살리기, 학예회	재작년까지 도시의 큰 학교에서 근무, 작년에 본교에서 6학년 담임과 SW 선도학교 운영을 담당함
이수빈	6	정보 및 AI 교육, 선도학교	큰 학교만 근무하다가 작은 학교로 전입, 정보화 스마트 기기 다루는 것을 좋아하며 수업 연구를 열심히 함, 부부교사
특수		특수 교육	특수교육 경력이 오래되어 타 학교에서도 특수교육에 대해 자문을 얻으러 옴
보건		보건 교육	작은 학교라 보건 교사가 순회로 근무함
아내	6		이수빈 교사와 함께 A시에서 B군으로 근무지를 이동함, B군의 미래초보다 더 큰 학교에 근무함

1학년		2학년		3학년		4학년		5학년		6학년		전교생	
남	여	남	여	남	여	남	여	남	여	남	여	남	여
1	1	3	5	3	1	4	7	4	5	9	6	24	25
2		8		4		11		9		15		49	

알고리즘 순서도 만들기

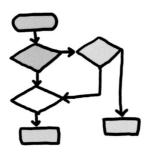

학생 때나 교사가 된 후나 방학은 지나고 나면 어찌나 짧게 느껴지는지 어느새 개학이라니 믿어지지 않았다. 연수를 다녀오고 짧은 가족여행을 다녀오고 정신 차려보니 개학 날이었다. 이 교사는 교무실에서 선생님들과 간단히 인사를 나눈 후 교실로 들어갔다. 아이들의 왁자지껄한 소리가 복도까지 새어 나왔다. 여름방학이 지나고 나면 고학년 학생들은 남학생과 여학생이 서로 낯을 가리거나 사춘기를 겪느라 서먹한 경우도 더러 있었다. 하지만 미래 초등학교 6학년 아이들은 6년 동안 같은 반으로 지내와서 그런지 전혀 어색함이 느껴지지 않았다. 하지만 외적으로는 키도 자라고 얼굴에 여드름도 나고 남학생들은 변성기가 오는 등 신체 변화가 생긴 학생들이 제법 있었다.

이 교사 얘들아! 반가운 건 알겠는데 복도까지 너무 소란스러운걸?

학생 1 에이 선생님~ 반가워서 그러죠. 오늘 하루만 봐주세요.

이 교사 인사는 이 정도로 하면 됐고, 얼른 방학 숙제부터 꺼내 볼까?

이 교사의 말에 얕은 탄식 소리와 함께 주섬주섬 방학 숙제를 꺼내왔다. 방학 숙제가 예전처럼 학생들에게 부담되는 수준이 아니라 대부분의 학생이 잘 해왔다. 요즘 방학 숙제는 독서, 가벼운 운동 등 일상생활에서 배움이 일어나는 것들을 주로 한다. 그렇기 때문에 아이들도 쉽게 쉽게 방학 숙제를 해왔다. 이렇게 개학식과 방학 숙제 검사를 하다 보니 1교시가 끝남을 알리는 종이 울렸다. 쉬는 시간 종이 울리자 아이들이 기다렸다는 듯 이 교사의 교탁 주위로 몰려들었다.

학생 2 선생님! 다음 시간에는 뭐해요? 설마 수업할 건 아니죠?

이 교사 오늘 할 일이 얼마나 많은데! 2학기 맞이 1인 1역할도 정해야 하고 너희들 짝도 새로 정해야 할 것 같은데? 신학기 맞이 대청소도 해야 하고 말이야.

학생 3 오랜만인데 그냥 놀면 안 돼요? 밀린 이야기도 하고요.

이 교사 우리 그런 건 쉬는 시간을 이용할까? 그래도 이번 1인 1역할 정하는 건 이전과는 조금 색다른 방식으로 해볼 거야.

이 교사의 말대로 2학기에는 1인 1역할을 정하는 데 새로운 방법을 적용해보기로 하였다. 저학년생들은 1인 1역할을 정하는데 기대를 하고 있지만, 고학년생들은 1인 1역할을 정하는 데에 큰 관심이나 기대가 없다. 그래서 이번에는 알고리즘을 이용하여 1인 1역할을 정해볼 생각이었다.

이 교사   여러분! 이번 시간에는 1인 1역할을 정할 거예요. 오늘은 1학기처럼 가위바위보로 정하는 것이 아니라 간단한 게임 형식으로 정하려고 해요. 여러분이 잘하는 일과 어려워하는 일을 기준으로 말이죠. 여러분은 이렇게 생긴 그림을 본 적 있나요?

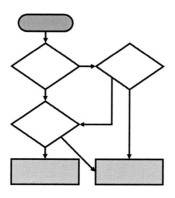

학생 4   네! 심리검사를 하거나 MBTI 검사 같은 거 할 때 해봤어요.

이 교사   맞아요. 요즘 유행인 MBTI 검사를 할 때도 이렇게 많이 하지요. 주어진 질문에 '네' 또는 '아니오'로 대답해서 자신의 대답에 알맞은 선택지를 고르는 형식이죠.

학생 5   혹시 1인 1역할 정하기 할 때 '바닥쓸기 vs 걸레질하기' 이런 식으로 선택지를 주실 건가요?

이 교사   예리한데요? 거의 비슷한데 오늘은 1인 1역할마다 무슨 일을 해야 하는지 우리가 직접 순서도를 만들어보는 활동을 해볼 거예요. 자신이 순서도를 만들면서 내가 이 역할이 하고 싶다 혹은 하기 싫다 등을 판단하는 것이죠. 가장 인기 많은 역할인 우유 당번이 무슨 일을 하는지부터 순서도를 만들어볼까요?

학생 6   먼저 우유를 가지고 와야 할 것 같아요.

학생 7   우유를 친구들에게 나누어 준다.

학생 8   우유 통을 정리한다.

학생 9   우유 통을 갖다 놓는다. 이렇게 하면 될 것 같아요.

이 교사   좋아요. 그럼 이 내용을 알고리즘으로 나타내볼까요? 이렇게 나타낼 수 있겠죠?

[우유 당번 알고리즘]

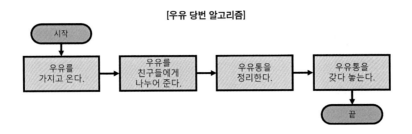

이 교사   혹시 위 단계에서 추가하거나 수정해야 할 부분이 있을까요?

학생 10   우유 박스를 갖다 놓기 전에 교실에 우유가 있는지 확인해야 해요.

이 교사   좋은 생각이네요. 그럼 우리는 우유가 교실에 남아있을 때와 교실에 우유가 없을 때를 구분할 필요가 있겠네요.

학생 11   그럼 우유가 남아있을 경우에는 이렇게 고칠 수 있겠어요. '교실에 우유가 남았는가? → 네 → 친구들에게 우유를 마시라고 권유한다. → 우유통을 정리한다. → 우유통을 갖다 놓는다. → 끝'

학생 12   우유가 없을 때는 이렇게 하면 되겠어요. '교실에 우유가 남았는가? → 아니오 → 우유통을 정리한다. → 우유통을 갖다 놓는다. → 끝'

이 교사   좋아요. 그럼 수정한 우유 당번 알고리즘을 다시 만들어볼까요?

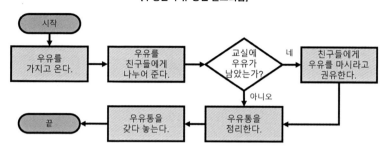

[수정한 우유 당번 알고리즘]

이 교사   이런 식으로 최대한 구체적으로 해야 할 일들을 정리해보아요. 혼자서 1인 1역할 과정을 만들기에는 어려울 수 있으니 짝과 함께 만들어봐요. 서로 하나씩 1인 1역할에 대해 순서도를 만들고 서로 바꿔보면서 보완하는 거예요.

이 교사는 학생들에게 순서도에 사용되는 기호들을 설명하고 활동을 시작하였다. 학생들은 사각형, 마름모, 화살표 등 각각의 기능을 익히고 시간을 들여 역할마다 순서도를 완성했다. 각자 역할에 알맞은 순서도를 작성하기 위해 몇몇 학생은 자리에서 일어나 청소하는 시늉을 하거나 창문을 열기 위해 몸을 움직이며 자신의 행동 순서들을 순서도에 나타내기도 했다. 예를 들어 교실 청소를 하는 역할을 정한 학생은 자리에서 일어나 빗자루와 쓰레받기를 가져온 후, 어디에서부터 빗자루질할지 정하며 자신의 행동 순서를 정하였다. 학생들은 서로 행동순서를 확인하며 조언을 해주기도 하고 잘못된 점이나 보충해야 할 점들을 이야기 나눴다.

이 교사   순서도를 만들어보니 어땠나요?

학생 13 복잡하기도 한데 친구들과 같이하니까 역할에 따른 일들을 좀 더 자세히 적을 수 있었어요.

학생 14 해보니까 각 역할을 어떻게 해야 할지 좀 더 알게 되었어요.

이 교사 맞아요, 사람들이 생각하기에는 당연한 일들인데 순서도로 만들어보면 생각보다 각 과정이 복잡하게 이루어져 있다는 것을 알 수 있어요. 이렇게 순서도에 의해서 어떤 일이 진행되는 것은 컴퓨터가 일을 처리하는 방법과 유사해요. 컴퓨터에게 무엇인가 일을 시키려면 아주 세세하게 단계를 나누어 설명해주어야 해요. 이런 것을 '알고리즘'이라고 하는데, 좋은 알고리즘에는 몇 가지 조건들이 있어요.

첫 번째로 좋은 알고리즘은 신속해야 해요. 교실 바닥을 빗자루질하는 알고리즘을 만든다고 하였을 때 그 알고리즘으로 교실 바닥을 쓸면 교실이 깨끗해지고 빨리 해결할 수 있어야 해요. 예를 들어 교실 바닥을 깨끗하게 하기 위해 '같은 자리를 10번씩 쓸고 지나간다.'라고 한다면 교실 바닥을 깨끗하게는 할 수 있겠지만 빠른 시간에 해결하는 신속성은 가지지 못하겠죠?

두 번째로 좋은 알고리즘은 정확해야 해요. 교실 바닥을 쓸어야 하는데 쓰레기통을 비우는 알고리즘에 따라 행동하면 전혀 문제를 해결할 수 없겠죠? 주어진 문제를 해결할 수 있는 알맞은 방법이 필요한 거예요. 선생님이 생각하기에 우리가 만든 역할 알고리즘은 효율적이고 정확하게 잘 만든 것 같아요. 다 함께 검토하고 수정하면서 필요한 내용이 잘 들어갔어요.

그러면 칠판에 여러분이 탐구해온 1인 1역할 순서도를 붙여주세요. 그리고 그 역할을 희망하는 학생들은 포스트잇으로 자기 이름을 붙이면서 자신에게 맞는 역할이 무엇인지 골라봅시다. 한 사람이 여러 역할을 희망할 수 있고 이름 붙이기가 끝나면 친구들과 서로 양보하면서 각자에게 알맞은 역할을 결정할 거예요. 만일 오늘 활동이 재미있었다면 그 사람은 SW나 AI 프로그래밍이 적성에 맞는 것일 수도 있어요. 마침 선생님에게 AI 관련 직업에 대해 생각해 볼 수 있는 알고리즘 테스트가 있는데, 1인 1역할을 다 정하고 함께 해볼까요?

읽을거리

◎ 알고리즘이란?

알고리즘은 어떤 문제를 해결하기 위한 절차와 방법, 명령어를 모은 것으로 문제를 해결하기 위해 무엇을 할지, 어떤 순서와 방법으로 처리할지 제시합니다.

컴퓨터는 무엇을 어떻게 어떤 순서로 처리해야 하는지 구체적이고 정확하게 지시해야 일을 수행합니다. 그러므로 컴퓨터 프로그램에는 알고리즘이 필요합니다. 알고리즘은 정확하고 빠르게 문제를 해결할수록 좋은 알고리즘이라고 할 수 있습니다. 알고리즘은 입력, 출력, 명백성, 유한성, 효과성의 조건을 만족해야 합니다. 자료가 외부에서 제공될 수 있고, 한 가지 이상의 결과가 나타나며, 명령이 모호하지 않고 명백해야 실행합니다. 그리고 알고리즘은 한정된 단계가 있어서 이를 모두 수행하고 나면 종료됩니다.

알고리즘의 종류는 매우 다양한데 대표적으로 정렬 알고리즘, 탐색 알고리즘, 재귀 알고리즘이 있습니다.

- 정렬 알고리즘: 데이터를 일정한 규칙에 따라 다시 배열하는 알고리즘입니다. 예를 들어 숫자가 있을 때 작은 수에서 큰 수로 나열하거나 큰 수에서 작은 수로 나열하는 것이 이에 해당합니다. 정렬 알고리즘에는 선택 정렬, 삽입 정렬, 버블 정렬이 있습니다.
- 탐색 알고리즘: 데이터가 저장된 공간에서 어떤 조건을 만족하는 데이터를 찾는 알고리즘입니다. 예를 들어 명단에서 특정 사람의 이름을 찾는 것이 이에 해당합니다. 어떤 순서로 정렬된 데이터에서 탐색할 경우에는 이진 탐색 알고리즘, 정렬되지 않은 데이터에서 탐색하는 경우는 선형 탐색 알고리즘에 해당합니다.
- 재귀 알고리즘: 어떤 함수에 의해 답이 호출되는 것을 재귀 호출이라고 하고 이것을 이용하는 알고리즘이 재귀 알고리즘입니다. 함수는 무한 반복할 수 있으므로 종료되는 조건을 설정하여 알고리즘을 만듭니다. 피보나치 수열, 퀵 정렬, 하노이 탑이 이에 해당합니다.

알고리즘을 활용한 직업 심리 테스트

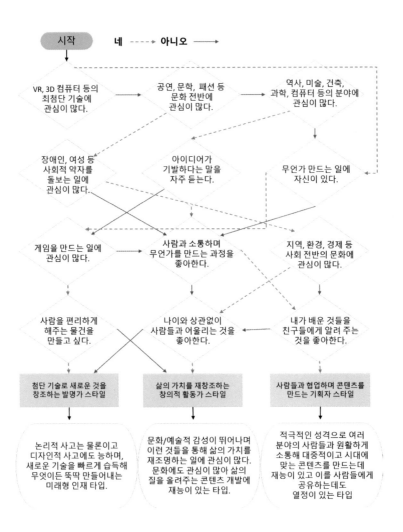

[출처: 소년중앙 https://news.joins.com/article/21410445]

18. 알고리즘 순서도 만들기

챗봇 프로그램 만들기
: 카카오 오픈빌더

"잘 못 알아들었습니다"

수업 중 휴대전화에서 울리는 소리였다. 휴대전화에 음성인식프로그램들이 생기면서 이런 경우가 심심치 않게 들려왔다. 수업 중 '시리'와 비슷한 발음이 나오면 휴대전화가 반응하는 것이었다. 그러면 학생들은 너도나도 반응하기 바빴다.

학생 1 시리야~ 아이유 음악 들려줘.

학생 2 시리야~ 선생님한테 영화 보자고 말해줘.

아이들은 수업과 관련 없는 이야기를 하며 수업 시간을 조금이라도 단축하고 싶어 했다. 이처럼 요즘 초등학생들은 AI 챗봇이나 음성인식 프로그램을 쉽게 접할 수 있었다. 이수빈 선생님은 이 프로그램을 이용해 아이들에게 학습을 유도할 예정이었다. 2학기가 시작되면서 6학년 학생들의 중학교 진학에 대한 관심이 부쩍 늘어났다. 이 교사는 중학교 때부터는 공부해야 할 과목도 늘어나고 학습 시간도 늘어날 터인데 아이들에게 공부하는 방법이나 흥미를 갖게 하고 싶었다. 처음부터 너무 학습에 중점을 두어 설명하기보다는 학생들이 흥미 있어 할 만한 기술을 이용해서 저절로 학습이 이루어질 수 있도록 계획하였다. 바로 '챗봇 만들기'였다. '챗봇'은 휴대전화 메신저 앱에서 주로 이용되는 채팅 프로그램이다. 사용자의 질문에 따라 키워드를 분석하고 해당 질문에 맞는 알고리즘을 검토하여 답변하는 것이다. 이 교사는 2학기에는 챗봇으로 영어 사전 만들기 활동을 계획하였다. 매 영어 단원을 마칠 때마다 영어 단어를 정리하여 챗봇을 업데이트하는 것이었다.

이 교사	여러분! 2학기 때는 매 단원이 끝날 마칠 때마다 영어 단어시험을 쳐야 할 것 같아요!
학생 1	아~ 안 돼요!
학생 2	그런 게 어디 있어요.
이 교사	워워 진정해요. 농담이에요 농담. 영어 단어시험은 아니고 단원별로 영어 단어 사전을 만들어 보자고요.
학생 3	네? 영어사전이요? 갑자기요?
이 교사	영어사전인데 우리가 단원별로 배운 내용을 단어 사전으로 만드는 거예요. 대신 이번 영어사전은 공책이나 연습장에 만드는 것이 아니라 챗봇으로 만들 거예요. 챗봇이 뭔지 알고 있나요?
학생 4	저요! 챗봇은 제가 무엇인가를 물어보았을 때 답해줬던 프로그램이에요.

학생 5 심심이 앱처럼 컴퓨터랑 대화할 수도 있어요.

이 교사 오~ 잘 알고 있네요. 그럼 이런 영어사전을 이런 단어장으로 만들면 어떤 좋은 점이 있을까요?

학생 6 흠…. 모르는 단어를 바로바로 알 수 있을 것 같아요.

학생 7 영어사전을 만들면서 공부도 될 것 같은데요? 모르는 단어를 적으면서 공부되잖아요.

이 교사 그렇지요. 이렇게 챗봇을 만들면서 공부도 하고 AI에 대한 공부도 할 수 있어요. 이런 챗봇은 AI 기술을 활용한 프로그램이랍니다. 챗봇은 사람들이 입력하는 것에 따라 정해진 내용을 알려주도록 프로그래밍이 되어 있어요. 예를 들어 사과의 영어단어를 알고 싶으면 챗봇에 "사과가 영어로 뭐야?", "사과", "사과 영어단어", "사과를 영어로" 이렇게 물어보면 챗봇은 "Apple"이라는 답을 줄 수 있어요. 앞의 질문에 대한 대답을 'Apple'이라고 대답하도록 패턴을 학습시켰기 때문이지요.

학생 8 저희가 하기에는 너무 어려울 것 같은데요?

이 교사 챗봇을 만드는 데 어려운 코딩 지식은 필요하지 않아요. 여러분이 늘 이용하는 카카오 기업에서 만든 프로그램을 이용하면 쉽게 만들 수 있을 거예요. 대신 AI 학습하기 위해서는 많은 데이터를 입력해야 해요. 챗봇의 정확도를 높이기 위해서는 나올 수 있는 질문을 최대한 많이 입력해야 하거든요. 선생님이 나눠준 학습지를 보고 모둠별로 단어별 질문들을 한번 만들어볼까요?

모둠별로 작업을 시작한 6학년 학생들은 효율적으로 분업하여 챗봇에 단어들에 대한 질문을 만들어가기 시작했다. 두 명은 영어 단어에 대한 질문을 떠올리고, 한 명은 그 질문을 한글로 정리하고, 또 다른 한 명은 AI 챗봇 프로그램에 질문을 넣는 방식이었다. 평소에 영어 수업에 관심이 없던 수민이도 이번 시간만큼은 열심히 참여했다. 수민이는 평소 교실에서 입담이 좋기로 정평이 나 있는 아이였다. 하지만 영어 시간만 되면 꿀 먹은 벙어리가 되어 영어를 말하는 것에 소극적이었는데 이번에는 한글 질문을 만드는 과정에 적극적으로 참여하고 있었다. 얼추 데이터들을 완성한 모둠들이 늘어났다.

AI 챗봇의 데이터베이스를 만드는 일은 처음에는 시간이 오래 걸리는 듯하지만 하나의 패턴을 반복하니 금방 작업할 수 있었다. 예를 들어 'Apple'을 답변으로 듣고 싶으면 아래와 같은 질문들을 해야 한다.

〈Apple을 듣기 위한 질문〉

1) 사과
2) 사과 영어
3) 사과를 영어로
4) 사과가 영어로 뭐야?
5) 사과가 영어로 뭘까?
6) 사과를 영어로 바꾸면
7) 사과의 스펠링은 뭐야

위와 같은 질문들을 해가며 질문으로 나올 수 있는 문장의 예를 다양하고 구체적으로 정해야 한다. 이 패턴은 다른 단어들에도 적용될 것이다. 예를 들어 'Ready'란 답을 듣기 위해서는 아래와 같이 질문하면 될 것이다.

19. 챗봇 프로그램 만들기: 카카오 오픈빌더

1) 준비
2) 준비 영어
3) 준비를 영어로
4) 준비가 영어로 뭐야?
5) 준비가 영어로 뭘까?
6) 준비를 영어로 바꾸면
7) 준비의 스펠링은 뭐야

이렇게 '사과'를 '준비'로만 바꾸면 같은 패턴으로 쉽게 각 단어에 대한 질문을 할 수 있었다. 단순 작업의 반복처럼 보여 힘들 수도 있지만, 이 교사는 이 반복하는 과정도 영어 단어를 외우기에 좋은 단계라 생각하며 다른 팁을 주지는 않았다. 후에 AI 기술을 조금 더 개발할 수 있는 수준이 되면 학생들은 반복문이나 조건문 등을 이용하여 더 쉽게 AI 챗봇을 만들 수 있을 것이다.

방과 후, 이 교사는 학생들이 만든 챗봇을 시험해보며 올바르게 작동하는지 확인하고 있었다.

"똑똑."

노크 소리에 고개를 들어보니 5학년 담임인 김다희 선생님이 찾아왔다.

김 교사   선생님, 바쁘세요? 티타임 어때요?

이 교사   티타임 좋죠. 그런데 이 작업만 끝내고 쉬어도 될까요?

김 교사   그럼요~ 오늘은 또 어떤 기발한 수업을 준비하고 있으셔요?

이 교사　이번에는 영어 사전 챗봇을 만들고 있어요. 아이들 영어공부도 시키고 AI 수업도 하고 겸사겸사요.

김 교사　저도 들어가 볼게요. 뭐라고 검색해야 나오나요?

이 교사　아직 준비단계라서 다 되면 알려드릴게요. AI 챗봇을 만들기 위해서는 선행적으로 해당 기업에 신청하는 과정이 필요해서 신청 후 수락까지 며칠이 걸리거든요.

김 교사　그렇구나. 혹시 만들어서 활용하려면 수업 진도에 맞춰서 미리 신청해두어야 겠네요.

이 교사　그렇죠. 이 시간을 단축하려면 카카오톡 챗봇말고 [심심이] 어플을 이용할 수도 있어요. 사용자가 직접 대화를 이끌어갈 수 있도록 제작된 어플이라 저학년 학생들에게도 가능하거든요. 다만 스마트폰 타자가 어느 정도 익숙한 학생들과 만들어야 과정이 수월할 거예요.

김 교사　[심심이]도 들어봤어요. 이런식으로 챗봇을 활용하면 바른말 대화사전 만들기 수업을 할 수도 있겠네요.

이 교사　물론이죠. 수업 활동은 심심이의 '가르치기 기능'을 이용할 수 있어요.

- 활동 1: 심심이에게 간단한 말을 해보고 대답을 탐색하고 원하는 대답이 아니면 가르치기 기능을 이용해 원하는 답변이 나오도록 한다.
- 활동 2: 친구들의 질문에 심심이가 대답해주었으면 하는 반응으로 학습시켜 모둠원들과 질문하고 대답을 해본다.
- 활동 3: 앞서 대화했던 내용들을 바른말 대화 사전으로 만들기를 한다.

이 교사 이런식으로 수업을 구상하면 학생들은 바른 말 하는 것에 대한 실제적 대화를 생각할 수 있게 되고 AI와 관련된 정보통신 윤리 교육에도 도움이 될 수 있겠네요.

김 교사 수업 하나가 뚝딱 만들어졌네요. 다음에 꼭 해볼게요. 이제 방해 안 할테니 얼른 마무리 하세요!

이 교사 방해라니요. 다음에 바른말 대화사전 수업도 제대로 준비해봐요. 먼저 다른 선생님들과 티타임 가지고 계시면 합류하겠습니다!

이 교사는 6학년 교실을 나서는 김 교사에게 짧게 인사하고 아이들이 만든 챗봇을 다시 살펴보았다.

 읽을거리

◎ **챗봇이란?**

챗봇은 메신저를 통해 질문을 입력하면 인공지능이 데이터를 바탕으로 대답을 하는 대화형 메신저를 말합니다.

챗봇은 시나리오형과 인공지능형으로 나눌 수 있습니다. 시나리오형은 단어에 따른 정해진 답을 내놓고, 인공지능형은 학습을 통해 질문에 답을 합니다.

01 | '**https://center-pf.kakao.com**'에 접속합니다. 카카오톡 채널 관리자 센터에서
카카오톡 계정으로 로그인 합니다.

02 | 챗봇을 만들기 위해 카카오톡 채널을 만들어야 합니다. '**새 채널 만들기**'를
클릭합니다.

03 | 채널 이름, 검색용 아이디를 입력하고 카테고리를 설정한 뒤 **'확인'** 버튼을 클릭하여 채널을 만듭니다.

04 | 챗봇 제작을 위해서는 챗봇 신청이 필요합니다. 채널 관리자센터 왼쪽 메뉴의 **'비즈니스 도구'-'챗봇'-'챗봇 관리자센터 바로가기'**를 클릭합니다.

05 | 챗봇을 신청하는 창이 나타납니다. **'개인'**을 클릭한 뒤 카카오톡 채널 홈 URL과 신청사유를 구체적으로 적어 신청합니다. 6일 내외로 신청 결과를 채널 관리 메일로 받을 수 있습니다.

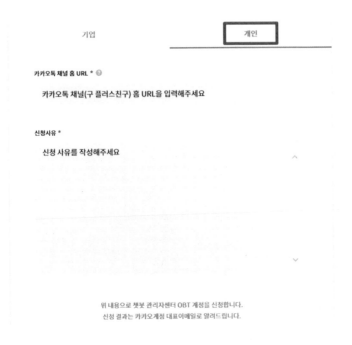

06 | 챗봇 승인 후 챗봇의 제작을 위해 상단 메뉴의 **'서비스/도구'-'챗봇'**을 클릭합니다.

19. 챗봇 프로그램 만들기: 카카오 오픈빌더

07 | '**다음**' 버튼을 클릭하여 넘어갑니다.

챗봇 관리자센터를 사용해주셔서 감사합니다.

3가지 중요한 내용에 대해 알려드립니다.
팝업을 닫더라도 도움말에서 챗봇 관리자센터의 모든 설명을 보실 수 있습니다.

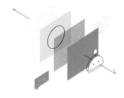

다음

08 | 챗봇 관리자센터에 대한 설명을 확인할 수 있습니다. '**다음**' 버튼을 클릭하여
넘어갑니다.

첫째! 봇을 만드신 작업자는 '마스터' 사용자입니다.

챗봇 관리자센터는 크게 마스터와 정식작업자의 권한이 존재합니다.
봇을 만든 작업자는 기본으로 봇의 마스터가 됩니다. 봇의 마스터는 봇을 삭제하거나 카카오톡 채널연
결과 같은 설정을 할 수 있습니다. 이제 정식작업자들을 초대해서 봇을 같이 만들수 있습니다. 자세한
권한의 체계를 보시려면 아래의 링크를 클릭해주세요

도움말 보기

이전   다음

둘째! 추천 엔티티 태깅 목록을 제공합니다.

사용자의 발화 내용에서 엔티티를 태깅할 때 아래와 같이 밑줄쳐진 단어들에 대해서는 엔티티를 쉽게
태깅할 수 있도록 추천 목록을 제공합니다.

도움말 보기

패턴 ⓘ

▶   **삼평동 날씨 알려줘**

이전   다음

09 | '확인' 버튼을 클릭합니다.

10 | 우측 상단의 **+ 봇 만들기** 버튼을 클릭한 뒤 **'카카오톡 챗봇'**을 선택합니다.

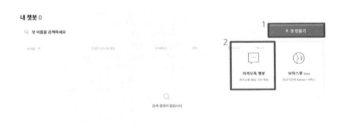

11 | 챗봇의 이름을 적고 '확인' 버튼을 클릭합니다.

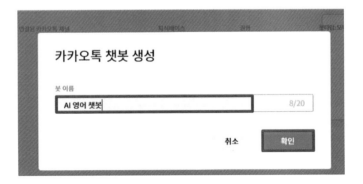

12 | 챗봇의 대화 시나리오를 만들 수 있습니다. **'새 블록 만들기'**를 클릭합니다.

13 | 웰컴 블록은 챗봇을 실행했을 때 나타나는 대화입니다. 오른쪽 상단의 **미사용**을 **사용중**으로 활성화 시킨 뒤 아래에서 봇 응답의 유형을 선택하여 대화를 추가할 수 있습니다. **'텍스트'**형의 봇 응답을 추가시켜 보겠습니다.

14 | 챗봇을 실행했을 때 나타나면 좋은 응답을 입력합니다. 화면 중앙의 **'텍스트 입력'**을 클릭한 뒤 적절한 텍스트를 입력하고 **'확인'** 버튼을 클릭합니다. 응답 입력이 완료되면 오른쪽 상단의 **'저장'** 버튼을 클릭합니다.

15 | 왼쪽 상단의 + 시나리오 를 클릭하여 사용자 발화와 봇 응답을 추가
할 수 있습니다. **블록 이름**을 설정한 뒤 상대방의 질문에 따른 봇의 응답을
설정합니다.

16 | '**사용자 발화**'에는 키워드와 관련된 여러 질문 패턴을 입력합니다. 많은 패턴
을 입력할수록 머신러닝의 학습이 정교해집니다.

19. 챗봇 프로그램 만들기: 카카오 오픈빌더

17 | 봇 응답에는 해당 키워드에 대한 응답을 입력합니다. 텍스트, 이미지 등 유형을 설정하여 응답을 입력할 수 있습니다. **텍스트형**에는 글자를 입력합니다. 전송타입을 선택할 수 있는데 케로셀은 생성한 말풍선을 모두 보여 주고 싶을 때, 랜덤형은 말풍선 중 무작위로 하나만 보여주고 싶을 때 선택합니다.

18 | 텍스트형에는 유튜브나 인터넷 url도 함께 입력 가능합니다. **'버튼추가'-'버튼명 입력'-'URL링크 선택'-'URL주소 입력'** 후 **'확인'** 버튼을 클릭합니다.

19 ｜ 이미지형에는 사진을 삽입합니다. **'이미지 설정'-'파일업로드'** 후 **'확인'** 버튼을 클릭합니다.

20 ｜ 카드형에는 사진과 텍스트가 함께 나오도록 입력할 수 있습니다. **'이미지 설정', '타이틀 입력', '설명 입력'**을 각각 클릭하여 알맞은 내용을 채워 넣습니다.

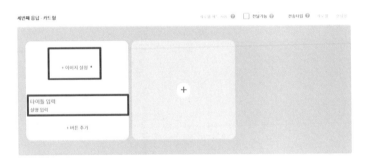

21 ｜ 질문에 대한 자동 응답 외에도 **'버튼추가'-'버튼설정'-'전화'** 또는 **'메시지 전송'** 기능을 활용하여 챗봇 관리자와 연락할 수 있는 기능을 넣을 수 있습니다.

19. 챗봇 프로그램 만들기: 카카오 오픈빌더

교사연결

22 ㅣ 리스트형은 다양한 이미지나 url 등을 동시에 제시할 수 있습니다.

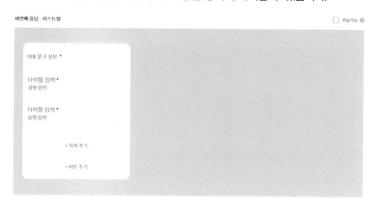

23 ㅣ 왼쪽 메뉴의 **'배포'**를 클릭하고 오른쪽의 파란색 **'배포'** 버튼을 클릭하면 카카오톡에 연결된 채널에서 챗봇과 대화할 수 있습니다.

영어 수업: 주요 표현 익히기

24 | 우측 상단의 **'봇테스트'**를 클릭하여 카카오톡 채팅방에서 챗봇이 어떻게 구현되는지 확인할 수 있습니다.

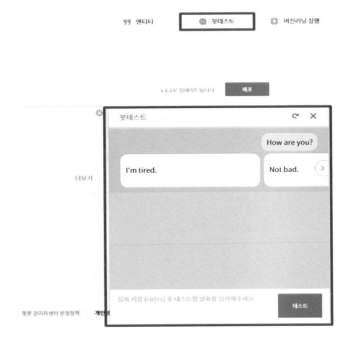

25 | **'설정'-'카카오톡 채널 연결'**에서 연결할 채널을 선택한 뒤 오른쪽 상단의 **'저장'** 버튼을 클릭합니다.

카카오톡 앱에서 채널의 이름을 검색한 뒤 🔔 챗봇 아이콘을 클릭하면 챗봇을 사용할 수 있습니다.

챗봇 영어 사전 만들기	( )학년 ( )반 ( )번
	이름 :

◇ 챗봇으로 영어 사전을 만들기 위한 언어 데이터를 수집해 봅시다. 주어진 표현을 바르게 바꾸어 적어보세요.

1	공기	➡	
2	사방에	➡	
3	새	➡	
4	일찍	➡	
5	모든	➡	
6	맑은	➡	
7	일어나다	➡	
8	~안에	➡	
9	질문	➡	
10	준비가 된	➡	

이미지를 다양한 화풍으로 표현하기

: 딥드림제너레이터

9월 중순이 되어가면 방학의 후유증은 벗어나게 된다. 이수빈 선생님이 생각하는 2학기의 장점이라면 누가 뭐라 해도 추석, 개천절, 한글날, 크리스마스 등 연휴들이 연달아 있다는 점이다. 덕분에 2학기 일정은 조금 타이트하고 급하게 돌아가기도 한다. 이 교사는 이것을 생각하여 셋째 주 전문적 학습 공동체 시간에 10월 10일에 있을 소프트웨어의 날 공개수업 일정을 선생님들께 예고하기로 하였다. 다만 우려되는 점이라면 '1, 2학년들이 AI 교육과 관련된 활동을 무엇으로 할 수 있을까?' 하는 것이었다.

2학기 첫 전문적 학습 공동체 날 1주일간 교실에서 일어났던 크고 작은 일들을 이야기하였다. 미래초등학교에서의 전문적 학습 공동체는 2주에 한 번씩 이루어진다. 첫 번째 주는 '교실 나들이'라고 하여 각 반 교실에서 회의가 이루어진다. 이번 회의 장소는 6학년 교실인 이수빈 선생님 교실이었다. 선생님들은 자연스레 교실을 둘러보며 각 선생님의 아이디어를 얻거나 취향을 알아가곤 했다. 선생님들이 다 모이자 전문적 학습 공동체 회의를 시작하였다. 교무부장 선생님은 2학기의 굵직한 행사를 언급하셨고 연구부장 선생님께서는 2학기 반별 시간표 및 평가 관련된 마무리 작업을 전달해주셨다. 그리고 10월에 있을 현장 체험학습의 장소 및 사전답사 일정 등에 관해 이야기를 나누었다. 소규모 학교이다 보니 현장 체험학습을 전교생이 같은 날, 같은 장소를 가는 경우도 드물지 않았다. 그 외 선생님들이 자신의 업무와 관련된 내용을 전달했다.

이 교사   선생님. 10월 10일이 소프트웨어의 날입니다. 그 주간에는 연간 학사일정에도 있듯이 SW/AI 교육주간으로, 선생님마다 AI 수업을 하실 텐데요. 어떤 수업으로 하실지 미리 한번 생각해두시면 좋을 듯합니다. 지도안 및 수업계획은 10월 첫째 주까지만 주시면 됩니다. 그 전에 전문적 학습 공동체 시간에 수업주제에 관해 이야기 나누면 좋을 듯해요.

회의가 끝나자 선생님들께서 하나둘 자리를 정리하고 퇴근 준비를 위해 각자의 교실로 돌아갔다. 그런데 1학년 담임이신 교무부장 선생님께서 하실 말씀이 있는 듯이 교실 정리하는 이 교사를 기다렸다.

교무부장   이수빈 선생님. 다음에 있을 AI 공개수업 말이야. 내가 그 기술을 아직 잘 모르겠더라고. 그리고 1학년들이 AI? 소프트웨어? 그런 걸 할 수 있을까 해서 어떤 수업을 할지 좀 막막하네.

마침 옆에 계신 2학년 장지영 선생님께서도 동의하는 눈치였다.

장 교사   그렇죠. 저도 사실 2학년 아이들 데리고 어떤 수업을 해야 하나 감이 잘 잡히지 않아요. AI와 관련된 이론 수업을 할 수도 없고, 어리다 보니 AI 기기에 대한 관심도 적더라고요.

이 교사   안 그래도 저도 특히 저학년생들이 어떤 수업을 하면 좋을까 하고 고민이 되더라고요. 여름 방학 때 AI 교육 연수를 다녀왔는데요. 저학년에서 할 만한 프로그램을 하나 들었어요. 어렵지 않아서 부담 없이 하실 수 있을 것 같은데, 한번 보시겠어요?

교무부장   그런 게 있다면 좋지.

이 교사는 교탁에 앉으며 연수 때 들었던 강의 내용을 교실 TV에 띄우기 시작했다.

이 교사   연수 때 강사분도 저학년 아이들이 AI 프로그램을 다루는 건 어려울 것 같다고 하시더라고요. 그래서 초보적인 수준에서 AI가 할 수 있는 일을 체험하거나 기술을 활용한 수업을 하는 게 좋을 것 같다고 하시더라고요. 예를 들어 스마트폰으로 사진 찍으면 사진을 변형할 수 있잖아요? 이렇게 사람 얼굴을 동물 모양으로 바꾼다거나 나의 사진을 10년, 20년 후 모습으로 나타내는 앱을 사용하신 경험도 있으실 거예요. 이런 것도 어찌 보면 인공지능 기술을 활용한 기술일 수 있거든요. 연수 때 이용한 프로그램은 이렇게 원본 사진을 만화, 흑백, 유화 그림처럼 바꾸는 거죠. '딥드림제너레이트'라는 사이트에서 바꾼 사진인데요. 한번 보시겠어요?

이 교사는 두 선생님에게 자신의 사진을 그림 형식으로 변경하는 과정을 보여드렸다. AI 기술이 발전해서 그런지 예전처럼 사진을 변형하였을 때 어색함이 많이 줄어들었다. 마치 고흐의 작품이 생각나도록 사진이 변환되었다.

이 교사 제 생각에는 이렇게 컴퓨터가 사진을 그림으로 바꿔주는 과정을 보면 아이들이 신기해하고 재미있어할 것 같더라고요. 저는 미술 시간을 활용해서 학생들이 직접 그림들을 변형시킬 수 있도록 하려고요. 선생님들께서 어느 정도 도와주신다면 1, 2학년들도 이 도구를 활용한 수업을 할 수 있지 않을까요?

장 교사 지금 당장 생각나는 건 통합교과의 가을 단원에서 관련된 사진을 사이트에서 바꾸고 감상하는 수업을 하면 좋을 것 같네요. 사진과 그림의 느낌 차이를 말해볼 수도 있고, 프린트해서 가을 느낌이 나도록 더욱 꾸밀 수도 있을 것 같아요.

교무부장 그래요. 이 프로그램을 미술 감상이나 꾸미기 활동으로 하면 되겠네요. 그런데 학생들이 이 사이트에서 직접 그림을 변경하기는 어려울 것 같은데요.

이 교사 사이트가 영어로 구성되어 있다 보니 1, 2학년 학생들이 직접 사진들을 변경하는 건 힘들 것 같아요. 아무래도 선생님들께서 미리 수업주제와 관련된 사진을 변환해 놓는 게 좋을 것 같아요.

교무부장 1학년은 추석 단원이 있는데 추석에 하고 싶은 일들을 그려보고 학생들 그림을 변형시켜보는 활동도 재미있어 할 것 같아요. 아이들은 자신과 관련된 것들이 직접 교실 TV에 나오는 것을 기대하고 좋아하잖아요?

이 교사 그렇죠. 그러면서 "이런 일은 인공지능이라는 컴퓨터가 저절로 이렇게 그려주는 것이다."라고 설명해주는 것만으로 충분할 듯하네요.

교무부장 이 선생님, 사진을 바꾸는 게 어렵지는 않아요? 사이트를 보니까 진짜 영어로만 된 것 같은데? 좀 배워야 할 것 같아요.

이 교사 영어로 되어있긴 한 데 별로 어렵진 않아요. 오늘은 퇴근 시간이 다

되어서 조금 힘들 것 같고, 이번 주 중에 저랑 같이 한번 해보시죠.

장 교사 저도요! 같이 가르쳐주세요. 아예 전문적 학습공동체 시간에 선생님께서 연수해주시는 건 어떠세요? 다음번 전문적 학습 공동체 연수가 선생님 차례이신 거 같던데요.

이 교사 그것도 좋은 생각이네요. 이 프로그램은 고학년 정도면 이용할 수 있으니 연수용 주제로도 적절한 것 같네요! 좋은 아이디어 감사합니다.

장 교사 제가 더 감사하죠. 나중에 메신저로 해당 사이트 보내주시겠어요? 저도 한번 만지작거려봐야겠어요. 제 셀카 사진을 고흐작품으로 저절로 바꿔준다니 궁금하잖아요?

교무부장 에휴, 나는 혼자서는 못하겠고 나중에 이 선생 연수 듣고 해야겠어. 1학년 담임이다 보니 나도 1학년이 된 것 같아서 말이야. 다음 주 연수 기대할게요.

 읽을거리

◎ 딥러닝이란?

딥러닝은 사람이 생각하고 배우는 방식처럼 컴퓨터가 학습할 수 있도록 하는 기술을 의미합니다. 딥러닝을 적용한 컴퓨터는 스스로 데이터를 분류하여 비슷한 것끼리 묶고 그것을 통해 새로운 결과를 예측합니다. '이것은 바나나입니다.'라고 컴퓨터에 정보를 가르치는 방식이 아니라 '이것은 바나나이군요.'라고 스스로 학습하는 비지도 학습에 해당합니다.

딥러닝은 인간이 어떤 물건을 인식할 때 뇌가 작동하는 방식과 흡사합니다. 뇌에서 많은 신경세포가 작동하듯 딥러닝 기술은 입력층과 출력층 사이에 여러 은닉층을 배열하여 신경망을 구현합니다. 이 신경망을 활용하여 컴퓨터는 다양한 데이터를 스스로 분류하고 학습하여 문제를 해결합니다.

딥드림제너레이터는 딥러닝 기술을 적용한 것으로 신경망이 입력된 그림에서 해당하는 수많은 변수를 찾아냅니다. 그런 뒤 이미 학습된 이미지의 변수와 연관된 것을 합성하여 재해석된 그림을 출력합니다.

DEEP DREAM GENERATOR
(딥드림제너레이터)

01 | '**https://deepdreamgenerator.com**'에 접속합니다.

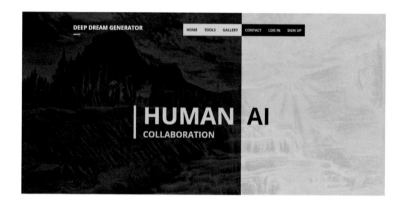

02 | 화면을 스크롤해서 아래로 내리면 GET STARTED 버튼이 있습니다. 클릭하여 진행합니다.

1. DEEP STYLE

The technique is a much more advanced version of the original Deep Dream approach. It is capable of using its own knowledge to interpret a painting style and transfer it to the uploaded image.

2. THIN STYLE

This tool is a simplified version of the Deep Style one. It is not capable of creating advance transformations but it still shines with some exceptional results. It is also noticeably faster than the Deep Style.

3. DEEP DREAM

Initially it was invented to help scientists and engineers to see what a deep neural network is seeing when it is looking in a given image. Later the algorithm has become a new form of psychedelic and abstract art.

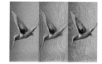

03 | 아이디를 생성합니다. 이름과 메일주소, 비밀번호를 입력하고 `Sign up` 버튼을 클릭합니다.

04 | 가입한 계정으로 온 메일 본문의 `Confirm Email` 버튼을 클릭하면 DEEP DREAM GENERATOR을 사용할 수 있습니다.

20. 이미지를 다양한 화풍으로 표현하기: 딥드림제너레이터

05 ┃ 이미지 변환을 위해 상단의 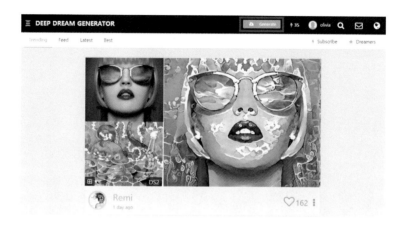 Generate 버튼을 클릭합니다.

06 ┃ **'파일 선택'**을 클릭하여 내가 바꾸고 싶은 이미지를 삽입합니다.

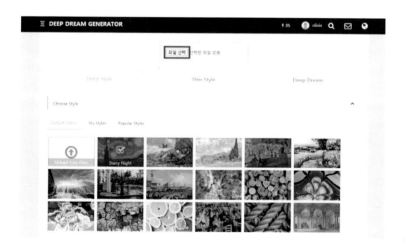

07 | 이미지에 적용하고 싶은 스타일을 선택할 수 있습니다. **'Deep Style'-'Default Styles'**에서는 유명한 작품의 화풍 스타일을 적용할 수 있습니다.

08 | **'Deep Style'-'My Styles'**에서는 설정값을 조절하여 나의 스타일을 만들 수 있습니다.

09 | **'Deep style'-'Poplular Styles'**는 사람들이 만든 스타일 중에서 인기가 많은
스타일을 적용할 수 있습니다.

10 | **'Thin Style'**은 'Deep Style'보다는 좀 더 단순화된 스타일로 그림의 윤곽은
그대로 두고 화풍만 바꿔줍니다.

11 ㅣ 'Deep Dream'은 깊은 신경망이 이미지를 볼 때 무엇을 보는지 돕기 위해 개발된 기능으로 새로운 형태의 추상미술을 볼 수 있습니다. Generate > 버튼을 클릭하여 그림을 변환합니다.

12 ㅣ 이미지의 변환이 시작되면 완료될 때까지 기다립니다.

13 ㅣ 변환이 완료된 이미지를 확인할 수 있습니다.

▶ 변환 이미지

▶ 기존 이미지

이미지를 저장하는 방법에는 2가지가 있습니다.
(1) 그림 위에서 마우스 우클릭한 뒤 **'이미지를 다른 이름으로 저장'** 클릭

(2) **'내 계정'-'더 보기(▮)'-'Download'**

| 다양한 화풍 감상하기 | ( )학년 ( )반 ( )번 |
| | 이름: |

◇ 딥드림제너레이터(https://deepdreamgenerator.com)에서 화풍을 바꾼 이미지입니다. 원본 이미지와 바뀐 이미지를 비교하여 감상해봅시다.

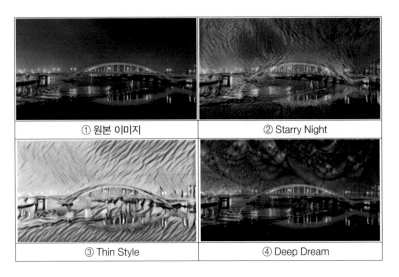

① 원본 이미지   ② Starry Night
③ Thin Style   ④ Deep Dream

(1) ①~④번 중 가장 마음에 드는 그림은 몇 번인가요?
그 이유를 적어봅시다.

_____

_____

_____

(2) 내가 좋아하는 사진을 골라 원하는 화풍으로 바꾸어 본 후 소감을 적어 봅시다.

_____

_____

_____

_____

AI를 활용한 음악 수업

: 세미컨덕터, 두들 바흐

추석이 얼마남지 않아 학생들도 선생님도 마음이 약간씩 들떠 있었다. 특히 이번 추석 연휴는 대체공휴일에 개천절, 재량휴업일까지 끼어 있어 7일동안 휴일이 되기 때문에 마치 작은 방학이라고 느껴질 정도였다. 교무실에서 안 그래도 추석 때 고향으로 내려가는지 또는 어떤 계획이 있는지 이야기를 나누었다.

김 교사   추석이 오는 건 좋은데 아이들이 좀 들떠 있네요. 벌써부터 이러니 추석 끝나고 다시 분위기는 어떻게 잡아야할지 걱정이에요.

임 교사   선생님, 저는 그래서 이번 주는 프로젝트 학습으로 우리 반에서는 음악회를 준비하고 있어요. 이때 바짝 음악 연습을 하면 학생들에게 도움도 될 것 같고요.

이 교사   아, 그래서 선생님 반에서 요즘에 악기 소리들이 많이 들렸군요?

교감	우리 임현숙 선생님께서 젊으실 때는 합창, 합주대회에서 엄청 날리셨죠? 도 대회는 물론이고 전국대회에서도 표창 받으시고 그러셨잖아요. 관내에서 합창, 합주대회에 관심 있는 교장선생님들께서 선생님 모셔가려고 엄청 애 많이 쓰셨잖아요.
임 교사	어휴, 교감 선생님은 무슨 그런 옛날 이야기를 꺼내고 그러세요. 민망하게~ 다 옛날 이야기예요.

지나가는 이야기로 들은 이야기지만, 이 교사는 같은 학교에 이런 선배교사가 있다는 것이 대단하다고 느껴졌다. 그도 그럴것이 이제 2~3년 후면 퇴직을 앞두고 계신 선생님께서 매 음악 시간, 쉬는 시간마다 음악교육에 대한 열정은 누구도 따라오지 못할 만큼 후배들에게 귀감이 되고 있었다. 이 교사는 10년이 다 되어가는 교직경력을 가지면서 아직 리코더 텅잉도 제대로 하지 못했었다. 그런데 이 텅잉을 임현숙 선생님에게 리코더 연수를 받으면서 마스터하게 되었다. 전문적 학습 공동체 시간에 리코더 연주법과 지도법에 대한 노하우를 전해주신 것이었다. 어쩐지 지도법이 다른 분들과는 확실히 차이가 난다고 생각했었다. 한참 그렇게 임현숙 선생님의 예전 활약상을 듣고 다음 수업을 위해 교실로 들어가는데 복도에서 이수빈 선생님을 부르는 소리가 들렸다.

임 교사	이 선생님~ 잠시만요.
이 교사	네, 선생님. 무슨일이시죠?
임 교사	다른 게 아니고 우리가 추석이 끝나고 2주정도 후면 공개수업이 있잖아요. 학생들이 음악회 준비를 한 내용으로 공개수업을 하

고 싶은데 혹시 음악과 관련된 AI 수업 아시는 게 있나 해서요.

이 교사   아~ 음악이요. 제가 사실 음악 과목에 취약해서…. 지금 당장 떠오르지는 않네요. 그래도 지난번 연수에서 음악과에서 이용할 수 있는 프로그램을 들었던 것 같아요. 교실에 가서 보내드릴게요.

임 교사   네! 그렇게 해주면 너무나 고맙죠. 선생님도 바쁠텐데 이런 부탁해서 미안해요.

이 교사   아닙니다. 제가 해야 할 일인데요. 괜찮습니다.

복도에서 임 교사와 헤어진 이수빈 선생님은 각종 AI 연수에서 들었던 프로그램들을 뒤져보았다. 두 가지 프로그램이 있었는데 이 교사 입장에서는 수업에서 어떻게 이용할지 아이디어가 떠오르지 않아 이용하지 못한 프로그램이었다.

첫 번째 프로그램은 '세미컨덕터'라는 지휘자 체험 프로그램이었다. 학생들은 지휘의 역할을 제대로 이해하지 못한다. 한 학교의 합창부나 합주부 정도되어야 지휘자를 똑바로 지켜볼 뿐 일반 학생들은 자신들의 악보에만 눈이 가 있기 일쑤였다. 이 지휘 프로그램의 몇 가지 기능은 학생들이 지휘에 대한 유용성을 스스로 경험하는 데 도움이 될 듯하였다. 지휘 프로그램은 사용자의 동작을 인식한다. 그래서 사용자의 팔 동작의 속도로 음악의 속도를 조절할 수 있다. 음악을 빠르게 연주하고 싶으면 팔 동작 속도를 빠르게 하고 음악을 느리게 연주하고 싶으면 팔 동작 속도를 천천히 하면 된다. 이외에도 팔 동작을 크게 하면 음량이 커지고 작게 하면 음량이 작아진다. 또한 움직이는 방향에 따라 연주되는 악기도 달라진다. 오케스트라에서 지휘자를 기준으로 왼쪽에는 바이올린,

비올라 등이 있고 오른쪽에는 첼로, 콘트라베이스가 있다. '세미컨덕터'에서도 왼쪽으로 지휘하면 바이올린, 비올라 소리가 커지고 오른쪽으로 연주하면 첼로, 콘트라베이스 소리가 커지는 것이다. 이 교사는 학생들에게 지휘를 가르칠 때 좋은 프로그램이 되겠다고 생각은 했었는데 구체적으로 구현은 하지 못하고 있었다.

두 번째 프로그램은 '두들 바흐'라는 작곡 프로그램이다. 길이가 긴 한 곡을 작곡하기에는 무리가 있지만, 특정 리듬꼴을 학습하거나 곡의 빠르기, 화음 등을 알기에 적합했다. 임현숙 선생님께서 생각하고 계신 합주수업 이전에 학생들이 작곡을 경험해보거나 리듬꼴에 대한 내용을 심화학습 단계에 이용할 수 있을 듯했다. 이 교사는 이 두 사이트를 간단한 설명과 함께 메시지로 보내드렸다. 학생들이 하교한 뒤 6학년 교실 문을 노크하는 소리가 들렸다.

임 교사 선생님~ 잠깐 여쭤볼 게 있는데 시간 괜찮아요?

이 교사 네. 방금 아이들이 하교해서 크게 할 건 없어요. 안 그래도 제가 찾아가보려고 했는데…. 제가 보내드린 프로그램 한 번 이용해 보셨어요?

임 교사 네, 들어가서 해봤는데 잘 모르겠더라고요. 혹시 괜찮으면 우리 반에 잠시 들러줄 수 있어요?

이 교사 그럼 바로 가시죠. 같이 해보시면 그렇게 어렵지 않다고 느끼실 거예요.

임 교사 '세미컨덕터'는 정말 신기하네요. 어떻게 이렇게 작동하는 거죠? 우리 반에 음악에 관심 없어 하는 아이들도 게임처럼 할 수 있을 것 같아요. 성동이 같은 경우에는 악기를 다루는 게 서툴러서 매 음악 시간에 힘들어하거든요. 그런 아이들도 지휘자처럼 연주하면서 자신감을 키울 수 있는 방법이 되겠는데요?

이 교사와 같이 프로그램을 다루면서 임현숙 선생님은 실제 음악 수업에 어떻게 다룰지 금방금방 좋은 아이디어를 내주셨다. 덕분에 좋은 프로그램이라고 생각만 하던 이 교사도 수업에 활용할 만한 아이디어를 착안할 수 있었다. 잠시였지만 임현숙 선생님은 대략적인 AI-음악 수업 설계를 해보셨다. 먼저 활동1에서 첫 번째 합주를 녹음하고 활동2에서 세미컨덕터로 자신이 선택한 곡을 배경으로 지휘를 해보면서 고쳐야 할 곳들을 생각하기로 했다. 활동3에서는 지휘를 해보고 싶은 학생이 대표로 직접 지휘를 하며 연주활동을 녹화하고 감상하는 시간으로 수업을 설계하였다.

이 교사 선생님, 질문이 하나 있는데요. 기악수업을 하다 보면 학생들이 지휘를 안 보고 악보보기에 바쁘잖아요? 혹시 지휘를 보고 따라오게 하는 방법이 따로 있으신가요?

임 교사 그렇죠. 학생들이 지휘 몸짓만 보고 빠르기나 음량을 조절하기는 쉽지 않아요. 딱히 큰 팁이라고 할 수는 없지만, 저 같은 경우에는 이렇게 훈련을 해요. 첫 번째는 최대한 암보를 하는 거예요. 악보를 외우지 못하는 학생들은 지휘를 아무리 보라고 해도 볼 틈이 없거든요. 두 번째는 몸짓만으로 지휘를 하지 않고 말도 같이 해주는 거예요. 예를 들어 리코더가 쉬었다가 다시 시작할 때 미리 사인을 주는 거죠. 그 사인을 손짓으로만 하지 않고 말로 "자! 리코더 이제 들어올 거예요. 준비! 하나, 둘, 셋!" 이렇게 확실히 알아들을 수 있도록 말도 같이 해 해주어야 해요. 안 그러면 박자를 놓치기 십상이거든요. 이런 방식으로 반복하면서 하는 것 외에는 왕도가 없는 것 같아요.

이 교사   그렇군요. 아무래도 기능적인 부분이다 보니 확실히 훈련이 필요한 거군요.

임 교사   아이들은 처음에 악기 다루는 것을 어려워하면 스트레스를 받기도 하는데, 어느 순간 자신이 악기 하나를 자신 있게 다룰 수 있게 되면 그 성공 경험으로 공부를 잘했을 때 느끼는 감정과는 또 다른 감동을 느끼거든요. 그나저나 와~ 오늘 선생님 덕분에 좋은 아이디어 얻었네요. 고마워요. 진짜! 요즘은 진짜 신기한 것도 많네요. 연주회 끝나면 '두들 바흐' 프로그램으로 리듬꼴 만들기도 해봐야겠어요.

이 교사   저야말로 선생님 덕분에 많은 팁 얻고 갑니다. 우리 반 아이들이 음악 수업을 이렇게 한번 경험해 봐야 하는데 잘 못 해줘서 미안하네요. 다음에 선생님 수업 보고 우리 애들한테도 적용해봐야겠어요.

임 교사   언제든 내가 도울 일 있으면 도와드릴 테니 부담 갖지 말고 물어봐요.

이 교사   네, 감사합니다!

|||||||||||| Semi-Conductor(세미컨덕터) ||||||||||||

01 | 'https://semiconductor.withgoogle.com' 에 접속합니다. START 버튼을
클릭합니다.

02 | 사용방법에 대한 설명이 나옵니다. 팔을 빨리 움직일수록 오케스트라 연주
가 빨라집니다. NEXT 버튼을 클릭하면 다음으로 넘어갑니다.

03 | 팔을 움직이는 위치에 따라서 소리를 크게 내거나 작게 내도록 조절할 수 있
습니다.

04 | 몸이 움직이는 방향에 따라서 연주되는 악기파트가 조절됩니다. 왼쪽에는 바이올린, 비올라 오른쪽에는 첼로, 콘트라베이스가 있습니다. LET'S GO 버튼을 클릭하여 시작합니다.

05 | 카메라 사용 권한 여부를 묻는 창이 나타나면 **허용** 버튼을 클릭합니다. 카메라에 몸과 팔이 인식되면 지휘자 체험이 시작됩니다.

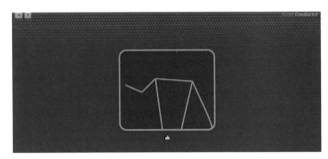

06 | 나의 지휘에 따라 악기가 연주됩니다. 팔을 빨리 움직이면 빠르게 연주됩니다. 팔을 위쪽으로 크게 움직이며 지휘하면 큰 소리로 연주되고, 팔의 높이를 낮게 움직여 지휘하면 부드러운 소리가 연주됩니다. 팔이 움직이는 좌우 방향에 따라 연주되는 악기가 달라지는 것을 소리로 들을 수 있습니다.

21. AI를 활용한 음악 수업: 세미컨덕터, 두들 바흐

Doodle Bach(두들 바흐)

01 | 'https://www.google.com/doodles/celebrating-johann-sebastian-bach'
에 접속합니다. 화면 중앙의 **재생** 버튼을 클릭합니다.

02 | AI에 대한 소개가 나옵니다. 소개를 건너뛰고 싶으면 **'소개 건너뛰기'**를 클릭
합니다.

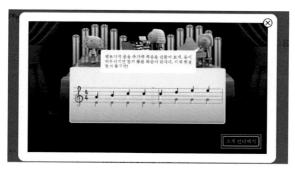

03 | 내가 원하는 음을 작곡하기 위해서는 악보에서 원하는 음높이를 클릭하면
됩니다.

음악 수업: 지휘, 작곡

04 | 작곡하기가 어려울 경우 **왼쪽 포스트잇**을 클릭합니다. **위쪽 포스트잇**을 클릭하면 동요 〈비행기〉의 선율이 입력됩니다.

05 | **아래쪽 포스트잇**을 클릭하면 동요 〈작은별〉의 선율이 입력됩니다.

06 | **휴지통** 아이콘을 클릭하면 입력된 음표를 모두 지울 수 있습니다. 음표를 입력한 뒤 화면 중앙의 아래에서 임시표를 선택할 수 있습니다.

07 | 화면 중앙 아래쪽의 **위, 아래** 아이콘을 클릭하면 악보의 연주 속도를 조절할
수 있습니다.

08 | AI가 만드는 화음을 듣기 위해 **'화음 넣기'** 버튼을 클릭합니다.

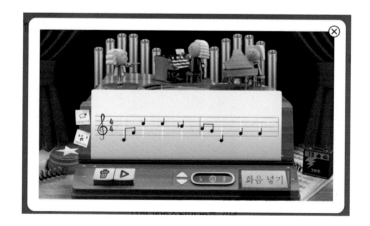

09 ┃ 일정 시간 기다립니다. AI에 대한 설명이 나옵니다.

10 ┃ 화음이 만들어졌습니다. 음악 파일을 내려받고 싶으면 왼쪽의  아이콘을 클릭합니다. 악보를 수정하길 원하면 오른쪽의 연필 아이콘을 클릭하면 됩니다..

21. AI를 활용한 음악 수업: 세미컨덕터, 두들 바흐

<table>
<tr><td colspan="2"><h2>두들 바흐로 작곡하기</h2></td><td>( )학년 ( )반 ( )번
이름 :</td></tr>
</table>

◇ 두들 바흐 프로그램을 이용한 작곡을 위해 원하는 기본 음을 만들어 봅시다. ₄박자는 한 마디 안에 4분 음표(1박)가 4개 들어갑니다. 한 마디 안에 들어있는 음표의 길이를 모두 합쳤을 때 4박이 되어야 한다는 의미입니다. 다음 음표의 길이를 참고하여 ₄박자에 들어갈 수 있는 여러 가지 리듬꼴을 만들어 봅시다.

그림	이름	박	음표의 길이	그림	이름	박	음표의 길이
𝅝	온음표	4박		♩	4분 음표	1박	
𝅗𝅥.	점2분 음표	3박		♪	점8분 음표	반박반	
𝅗𝅥	2분 음표	2박		♪	8분 음표	반박	
♩.	점4분 음표	1박반		♪	16분 음표	반의반	

◇ 위의 리듬꼴 중 두 가지를 골라 적절한 음높이로 배치하여 기본음을 만들어 봅시다.

〈내가 고른 리듬꼴〉

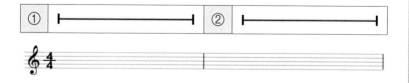

사진을 만화로 바꾸기

: 카투니파이

　이수빈 선생님은 초등학생 시절 체육 시간을 싫어했다. 운동신경이 좋지 않아 체육 활동에 자신이 없었기 때문이다. 차라리 체육이 들은 날은 비가 내려 교실에서 이론 수업을 하는 편이 훨씬 좋았다. 간혹 몇몇 친구들이 선생님을 졸라 없던 체육이라도 생기면 그날은 온종일 마음을 졸였다.

　'체육 수업에서 동작을 엉망으로 하면 어떡하지?', '피구나 축구를 할 때 친구들이 나를 뽑아주지 않으면 어떡하지?'와 같은 생각을 체육 시간이 끝날 때까지 가지고 있었다.

　6학년 재용이의 미술 시간이 이 교사의 체육 시간 같을 것이었다. 재용이는 언제나 밝고 대인관계도 원만하다. 친구들과 장난도 많이 치고 중간 놀이 시간이나 점심시간에는 늘 운동장에 나가서 놀았다. 그런데 오늘처럼 미술 수업이 있는 날은 축 처져 있는 경우가 다반사였다. 때마침 여학생 몇몇이 이 교사 교탁으로 다가와 오늘 미술 수업에 관해 물어보기 시작했다.

학생 1 선생님! 오늘 미술 수업은 뭐해요?

학생 2 오늘 만들기 해요~ 아이클레이 같은 거로 캐릭터나 여러 나라 음식 만들기 어때요?

이 교사 저번 주에 한 거랑 너무 비슷한데요? 오늘은 추상화에 대해 그려 볼 거예요.

학생 3 오~ 그림도 좋아요! 물감으로 해도 괜찮고 색연필이나 파스텔 써도 좋을 것 같아요.

재용 네? 오늘 그리기 해요? 헐….

학생 1 재용아, 오늘은 완성은 시키자~ 매번 시간이 없어서 완성 못 시키잖아.

재용 누구는 완성 안 시키고 싶어서 안 시키냐….

언제나 큰소리치던 재용이었지만 역시나 미술 앞에서는 별소리도 못 내고 유독 자신감이 떨어진 모습을 보였다.

이 교사 재용아. 오늘은 걱정 마. 그림 잘 그릴 필요 없어. 오늘 그림은 컴퓨터가 그려줄 거야.

재용 정말 제가 안 그려도 돼요?

이 교사 나중에 미술 시간에 자세히 설명해주겠지만, 오늘은 진짜 그림 잘 못 그려도 되니까 걱정 내려놓아도 돼요. 자, 수업종 치겠다. 자리에 앉고 1교시 준비하세요.

오늘 미술 수업은 미술 교과에 흥미나 자신이 없어 하는 학생들에게 부담감을 덜어주기 위한 수업으로 구성했다. 대신에 그 전에 과제가 하나 있었는데 그 과제는 '내가 좋아하는 대상의 사진 찍어오기', '친구들과 사진찍기'였다. 그 후 찍은 사진들은 단체 메신저 방에 올렸다. 이 교사는 학생들이 업로드 한 사진들을 'Kapwing'이라는 사이트에 접속하여 사진을 변환시켰다. 해당 사이트에서 '사진 단순화 시키기' 기능을 활용하여 미술의 추상화 수업과 접목할 예정이었다. 예를 들어 꽃병과 꽃을 단순화하면 아래의 사진과 같이 나오는 것이다. 마치 유치원생들이 그린 것처럼 선들이 단순하게 되어 있다. 이 정도 수준이라면 미술에 흥미나 관심이 적은 학생들도 부담감을 덜 느끼고 수업에 임할 수 있을 것 같았다. 역시나 미술에 자신이 없었던 학생들도 거부감이 전혀 없었다.

▶ 원본 사진

▶ 변경 후

이 교사   여러분! 지난 시간에 좋아하는 물건의 사진이나 친구들과 같이 찍은 사진들을 단체 메신저 방에 보내주라고 했는데 기억나나요?

학생들   네~

이 교사	오늘은 여러분이 보내준 사진을 따라 그리는 시간을 가질 거예요.
재용	선생님, 너무 어려울 것 같은데요.
이 교사	걱정하지 않아도 돼요. 오늘 그림을 따라 그리는 건 AI 프로그램이 해줄 거예요. 예시자료를 한번 볼까요? 선생님이 준비한 사진은 이 꽃병이에요. 이 꽃병 사진을 AI 프로그램이 단순화시켜 그려줄 거예요. 어떻게 그려지는지 한번 볼까요?
학생 1	에이 선생님! 저게 뭐예요. 하나도 꽃병같이 않은데요.
학생 2	그러게! AI가 그린다면서 뭐 이리 못 그려요?
학생 3	그래도 어느 정도 비슷한 부분은 있는 거 같은데? 꽃병같이 생긴 것도 있고 꽃도 몇 송이 그렸네.
재용	에이, 내가 저것보다는 잘 그리겠다!
학생 4	그래, 재용아. 네가 더 잘 그리겠다.
이 교사	오~ 자신감이 엄청난데! 여러분이 말한 것처럼 이 AI 프로그램은 똑같이 그려주는 프로그램이 아니에요. 사진을 단순화하고 추상화 시켜 나타내는 게 이 프로그램의 목적이죠. 오늘은 이렇게 가볍게 추상화를 그려볼게요. 여러분이 보내준 사진들은 선생님이 도화지에 프린트해 두었어요. AI가 바꾼 그림에 여러분들이 색칠도 하고 좀 더 보충하면서 그림을 완성 시켜 보세요.
학생 5	어떻게 보충해요?
이 교사	이 꽃병 같은 경우에는 원본 사진에 나온 꽃들이 많이 없지요? 원본하고 비슷하게 그리기 위해 여러분이 꽃을 몇 개 더 그리는 거예요. 그럼 좀 더 완성도 있는 그림이 될 수 있겠지요? 이제 시작해볼까요? 각 모둠에서 그림들을 받아 가세요. 그리고 휴대전화로 원본 사진 확인하면서 그려도 됩니다.

아이들은 자신들의 그림을 받고 이게 뭐냐며 한동안 서로 비교해가며 웃기 바빴다. 여기저기서 원본 사진은 어떤 사진일지 맞혀보는 놀이 아닌 놀이도 하고 있었다. 이렇게 가볍게 추상미술을 경험하면서 아이들이 미술 교과에 대한 두려움이 줄어든 것 같아 소기의 목적은 달성한 듯했다. 그림 하나를 완성 시키는데 20분 정도면 충분해서 대부분의 학생이 여러 작품을 완성 시켜 칠판에 전시하였다. 비슷한 느낌의 추상화들이라 모아 놓으니 제법 협동작품처럼 보였다. 그리기 활동에 대한 거부감을 없애고 미술 활동에 쉽게 접근할 수 있는 시각을 가질 수 있다는 점에서 이 교사도 아이들도 만족한 미술 수업이었다.

▶ Cartoonify를 활용한 예시작품

22. 사진을 만화로 바꾸기: 카투니파이

Cartoonify(카투니파이)

01 | 'https://www.kapwing.com/cartoonify'에 접속합니다. 버튼을 클릭하여 만화처럼 바꾸고 싶은 사진을 업로드합니다.

> ### What happens when artificial intelligence tries to draw your photo?
>
> Cartoonify turns your photo into a cartoon drawing, powered by Draw This by Dan Macnish and the Google QuickDraw dataset. Upload any image below to try it out!
>
> **Upload**   Paste a URL   or try a sample!

02 | 사진을 업로드 하면 자동으로 변환됩니다.

> ### What happens when artificial intelligence tries to draw your photo?
>
> Cartoonify turns your photo into a cartoon drawing, powered by Draw This by Dan Macnish and the Google QuickDraw dataset. Upload any image below to try it out!
>
> Uploading ... 100%
> Cancel ⊘

03 | 올린 사진을 AI가 만화처럼 바꾸었습니다. 같은 사진으로 여러 번 할 때마다 다른 그림이 나옵니다. 사진을 다운로드 받고 싶으면 ⬇ Download 버튼을 클릭합니다.

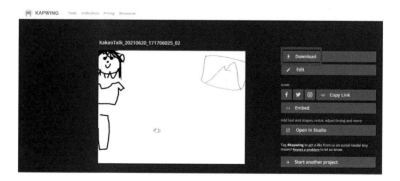

미술 수업: 대상 단순화

그림으로 다시 태어난 사진

◇ 사진을 멋진 그림으로 재탄생 시킬 수 있을까요? AI의 도움을 받아 그림을 그려봅시다.

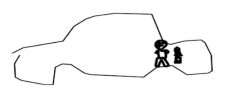

01. 내가 좋아하는 대상의 사진을 한 장 고릅니다. 이미지는 대상의 모습이 잘 드러나고 배경이 단순한 사진이 좋습니다.	02. 'https://www.kapwing.com/cartoonify'에 접속하여 내가 고른 사진을 업로드 합니다.

03. 그림으로 변환한 이미지의 빈 부분을 내가 원하는대로 그려봅시다.

◇ 사진을 그림으로 바꾸었을 때 그림의 완성도가 높아지려면 어떻게 해야 할까요?

_____

_____

빅데이터 기반 추천 알고리즘

: 유튜브 뮤직, 넷플릭스

6학년 교실에 최근에 새로 들어온 장비가 있었다. 바로 음성인식 AI 스피커였다. 음악을 즐기는 것을 좋아하는 이 교사가 새로 마련한 장비였다. 이 스피커를 마련한 데에는 몇 가지 사연이 있었다. 6학년 아이들은 흥이 넘쳐 쉬는 시간만 되면 이 교사에게 여러 음악을 틀어달라고 조른다.

학생 1   선생님~ 아이유 노래 틀어주세요!

학생 2   안돼요! 이번에 BTS 신곡 나왔단 말이에요! BTS 틀어주세요.

틈만나면 신청곡이 쇄도했다. 이 문제를 해결하기 위해 마련한 것이 AI 스피커다. 이 AI 스피커는 기본적으로 와이파이 망으로 연결되어 있다. 그리고 음성으로 AI 스피커를 부르면 명령에 따라

인터넷에서 검색을 해 알맞은 정보를 전해준다. 아직 많이 복잡한 동작은 수행하지 못해도 어느 정도 간단한 동작들은 무리 없이 작동했다. 예를 들어 수학 시간에 문제 풀이 시간을 주기 위한 알람을 설정하거나 체육 수업이 있는 날에는 미세먼지 농도를 물어보고 자율학습 시간에는 집중하기에 좋은 음악을 재생하는 등 교실에서의 사용 빈도가 점점 늘어났다. 대신 이용하기 전에 장난스럽게 AI 스피커를 부르는 학생들이 있어서 학급 내 규칙 제정은 필수였다.

이 교사는 AI 스피커를 중간 놀이 시간에 자주 이용하였다. 이 시간은 대부분의 학생들이 운동장에 나가서 교실이 조용했기 때문이다. 마침 미세먼지 농도도 좋아 환기도 할 겸 교실 창을 활짝 열었다. 시원한 바람이 쑥 들어오며 교실 안을 가득 채웠다. 이런 상쾌한 분위기에 음악이 빠질 수 없었다. 이 교사는 AI 스피커를 불러 어울리는 노래를 재생시켰다.

이 교사 오케이! 구글, 가을에 어울리는 음악 재생해줘.

AI 스피커에서 대답했다. "네, 알겠습니다. 유튜브 뮤직에서 가을에 어울리는 음악 스테이션을 재생합니다."

'이른 아침~ 작은 새들 노랫소리 들려오면~' 아이유의 〈가을 아침〉이 재생되었다. 아직 교실에 남아있던 아이들도 가을 음악을 감상하는 듯했다. AI 스피커로 음악을 들을 때 가장 큰 장점은 손을 쓰지 않고 음악을 들을 수 있는 것이다. 더불어 다음 곡을 굳이 선곡하지 않아도 비슷한 느낌의 곡들이 자동으로 재생된다는 것도 아주 편리하였다. 일일이 비슷한 분위기의 곡을 재생 목록에 담지 않아도 그 날의 분위기나 방금 들은 노래와 어울리는 음악이 재생되는 것이었다. 아니나 다를까 아이유의 〈가을 아침〉이 끝나자 이문세의 〈가로수 그늘 아래 서면〉이 나왔다. 이 교사는 가을의 정취에 취해 자신도 모르게 노래를 따라 부르기 시작하였다.

이 교사　라일락~ 꽃향기 맡으면~ 잊을 수 없는 기억에~

뜬금없는 선생님의 노래에 교실에서 쉬고 있던 아이들이 키득거리며 교탁으로 하나둘 오기 시작했다.

학생 1　선생님! 이 노래 알아요? 우리는 처음 듣는데.

이 교사　이 노래가 얼마나 명곡인데~ 교실이 가을로 바뀐 것 같지?

학생 2　노래는 좋은데 정말 옛날 노래 같아요! 선생님 옛날 사람~

학생 3　선생님 옛날 사람인 거 몰랐어? 그런데 난 이 노래 들어 본 거 같은데?

학생 2　이 노래를 안다고? 너도 옛날 사람이네!

학생 3　이 노래 못 들어봤어? 다른 가수들이 리메이크도 하고 그러잖아.

학생 1　근데 이 노래 옛날 노래 같긴 한데 진짜 명곡이긴 하다.

이 교사　그렇지? 노래 좋지? 얼마나 명곡인지 리메이크도 많이 됐다구.

학생 1　선생님, 그런데 이 스피커는 어떻게 이 가을에 맞는 노래들을 이렇게 알고 틀어줘요?

학생 2　누가 재생 목록 만들어 놓은 거 아니야? 가을 노래 틀어줘~ 하면 딱 이 재생 목록이 나오는 거지.

이 교사 　물론 그런 경우도 있겠지만, 보통은 AI가 노래의 빠르기나 악곡의 종류를 분석해서 다음 곡을 재생해줘. 그리고 이 아이디의 주인이 어떤 음악을 자주 듣는지도 재생 목록을 결정하는 데 큰 영향을 미치지. 선생님 같은 경우에는 나이가 너희들보다 많고 옛날 노래들을 많이 들었으니까 지금 이런 노래들도 나오는 거지.

학생 3 　그러면 만일 제 아이디로 가을 노래 들으면 이 노래는 안 나올 수도 있겠네요?

이 교사 　충분히 그럴 수 있지. 대신에 요즘 아이돌 노래 중 가을과 관련되어 있거나 아이유의 〈가을 아침〉과 비슷한 노래가 나오겠지?

학생 1 　와~ 진짜 대단하네요! 그럼 이 AI는 내가 뭘 좋아하는지도 알겠어요.

이 교사 　너희가 늘 끼고 있는 유튜브 생각해봐. 선생님 유튜브 아이디에 추천되는 동영상들과 너희들 동영상은 엄청 다를걸? 이게 다 사용자의 사용 패턴을 분석해서 동영상을 추천해주는 거지. 이렇게 동영상을 추천해주면 사용자들이 무엇을 좋아하는지도 알겠지.

학생 2 　오, 역시 똑똑한 AI. 그럼 똑똑한 6학년 1반도 AI 프로그램을 만들어 볼 수 있겠네요?

이 교사 　하하. 너희들 또 컴퓨터실 가고 싶어서 그런 거지?

학생 3 　앗, 들켰다!

이 교사 　사실 우리가 못할 것도 없지! 유튜브 프로그램 같은 것들은 못 만들어도 비슷한 흉내는 낼 수도 있을거야. 오늘 바로는 안 되고 선생님이 수업 준비해서 다음 주 쯤에 한번 알려줄게.

학생들 　와~~~

어느새 음악은 이문세에서 이용의 〈잊혀진 계절〉로 바뀌어 흘렀다.

학생 1 와~ 더 옛날 노래가 재생되고 있어! 선생님 도대체 얼마나 옛날
사람이신 거예요?

이 교사는 학생들이 뭐라 하던 기분 좋게 노래를 흥얼거렸다. 학
생들이 AI 기술에 관심을 보여 기분이 좋아진 이 교사는 얼마 남
지 않은 쉬는 시간을 만끽했다.

읽을거리

◎ 빅데이터란?

빅데이터는 디지털 세계에서 생성되는 다양하고 어마어마한 규
모의 데이터를 의미합니다. 이미지, 텍스트, 영상 등 다양한 형태
(Variety)로 빠르고(Velocity) 대규모(Volume)로 생성되는 것이 특
징입니다. 인터넷 사이트의 방문기록부터 자료검색, 쇼핑, 금융활
동, 교육 등 이 모든 활동은 데이터로 기록되고 이것이 모인 것이 빅
데이터인 것입니다. 기업들은 빅데이터에서 다양한 정보를 분석하
고 처리하여 문제해결 및 운영에 활용합니다. 빅데이터를 다루는 대
표적인 방식으로는 데이터를 나눈 뒤 이것을 병렬로 처리하는 분산
처리방식이 있습니다. 빅데이터를 활용하여 날씨를 예측하거나 교
통량을 예측하고, 광고와 서비스를 제공하고, 의료 및 제품 등에 유
의미한 결과를 도출합니다.

| 스타벅스 |

자주 마신 음료 데이터를 바탕으로 음료를 추천합니다. 사용자는 추천화면을 통해 빠르게 메뉴를 선택할 수 있습니다.

추천

아이스 카페 아메리카노 *Best*
Iced Caffe Americano
4,100원

딸기 레몬 블렌디드 *New*
Strawberry Lemon Blended
6,300원

아이스 카페 라떼 *Best*
Iced Caffe Latte
4,600원

아이스 자몽 허니 블랙 티 *Best*
Iced Grapefruit Honey Black Tea
5,300원

시청기록 및 선호도 데이터를 바탕으로 좋아할 만한 콘텐츠를 제시합니다. 사용자가 자주 보는 장르나 관심있는 분야를 중점적으로 소개합니다.

검색 내역, 많이 들은 음악을 바탕으로 맞춤 믹스, 즐겨듣는 음악을 제시합니다. 사용자의 관심 음악을 통해 비슷한 분야, 장르의 음악을 추천하고 자주 듣는 음악을 쉽게 재생할 수 있도록 목록을 제공합니다.

| 빅데이터 활용하기 | ( )학년 ( )반 ( )번 |
| | 이름 : |

◇ 빅데이터를 활용하기 위해서는 데이터 간의 연관성을 찾아야합니다.

〈보기〉

영화의 장르	#액션	#애니메이션	#SF	#코미디	#공포	#전쟁
	#스포츠	#판타지	#뮤지컬	#멜로	#드라마	#교육
영화의 주인공	#어린이	#어른	#커플	#캐릭터	#가족	#동물

◇ 〈보기〉를 참고하여 다음 영화들의 정보를 정리하고, 공통 요소를 찾아 봅시다.

제목			
장르			
주인공			

◇ 위와 같은 영화를 좋아하는 사람에게 추천할 수 있는 영화는 (   )가 주인공 으로 나오는 (   ) 장르의 영화입니다.

◇ 유사한 영화로는 (   )가 있습니다.

◇ AI가 영화를 추천할 수 있도록 더욱 많은 빅데이터를 모아봅시다.

24

빅데이터 활용하기

: 기상자료 개방 포털, 구글 트렌드,
네이버 데이터 랩

"선생님, 요즘 아이유 노래 많이 들으시나 봐요?"

수업 시간에 뉴스를 재생하기 위해 유튜브에 들어갔을 때 나온 말이었다. 아마 유튜브 메인화면에 아이유 노래 및 관련 영상들 몇 개가 보였기 때문일 것이다.

"맞아! 알고리즘은 거짓말을 하지 않지~"

아이들이 너나 할 것 없이 한마디씩 보탰다. 지난주 간단히 AI와 알고리즘에 관해서 설명해준 이후, 아이들이 생활 곳곳에서 알고리즘의 사례들을 찾아내었다. 직접적인 예시를 든 유튜브는 물론이고 즐겨 이용하는 인스타그램, 구글, 페이스북 등에서도 알고리즘 기술이 이용된다는 것을 알게 되었다. 평소에는 그냥 지나갔을 법한 광고들도 한 번 더 보거나 '왜 이 콘텐츠가 추천되었을까?' 하는 의문점을 갖게 된 것이다. 알고리즘에 대해 알게 되면서 이 교사는 빅데이터에 대해서도 학습이 필요하다고 느꼈다.

이 교사 여러분! 인공지능이 사용자의 이용 습관이나 앱 이용 패턴에 따라 알고리즘을 추천해준다는 것을 배웠는데요. 오늘은 알고리즘과 떼려야 뗄 수 없는 빅데이터에 대해 알아볼게요. 선생님이 얼마 전에 새로운 동영상 스트리밍 사이트에 가입했어요. 한번 볼까요?

이 교사는 교실 TV에 동영상 스트리밍 사이트의 첫 화면을 띄워주었다. 화면에는 해당 사이트를 처음 들어갔을 때 선호도를 조사하는 창이 띄워졌다.

이 교사 우리 다 같이 한번 좋아하는 영화나 드라마를 체크해볼까요?
학생 2 우리 〈어벤져스〉 체크해요!
학생 3 근데 난 〈아이언 맨〉도 좋았어.

학생 4   〈마틸다〉, 〈나 홀로 집에〉 이런 영화들도 좋을 것 같아요.

학생 5   〈하울의 움직이는 성〉, 〈벼랑 위의 포뇨〉도 체크해요.

이 교사   자, 그럼 이제 여러분들이 좋아하는 영상들을 체크했으니 어떤
        영화들이 추천되는지 확인해볼까?

학생 2   오~ 마블 영화들이 나와 있어요. 〈캡틴 아메리카〉도 있고 〈블랙
        팬서〉도 있네요.

학생 3   어! 저 〈이웃집 토토로〉 어디서 많이 들었었는데, 저 만화도 떴
        어요.

이 교사   선호하는 영화들을 체크해놓고 보니까 여러분이 재미있어할 만
        한 영화들이 추천된 거 같아요. 이것과 비교하기 위해서 선생님
        이 좋아하는 드라마나 영화를 체크한 아이디를 볼까요?

학생 4   선생님이 체크한 아이디는 별로 재미없을 것 같아요.

학생 5   우리가 알기 어려운 영화들이 많은 것 같아요.

이 교사   지금 보는 것처럼 각 사용자에게 적절한 콘텐츠를 제공하기 위
        해서는 여러분이 무엇을 좋아하는지, 어떤 영상들을 시청했는

지 알면 알수록 각 사용자에게 적절한 콘텐츠를 추천해줄 수 있어요. 지금 이렇게 처음 추천하는 것보다 시간이 지나서 여러분이 고르는 영화나 애니메이션의 수가 더 많아지면 취향을 더 반영할 수 있게 되는 거죠. 이렇게 데이터가 많이 쌓이게 되면 여러 가지 일들을 예측할 수 있게 돼요.

학생 2 오~ 신기해요! 그럼 보면 볼수록 제가 좋아할 만한 영화들이 더 정확하게 나오겠네요?

이 교사 그렇지요! 이런 기술을 이용해서 실제 우리 생활에서 사용되고 있는 기술들을 한번 알아볼까요? 이건 기상청 홈페이지에 있는 우리나라의 폭염 일수 자료입니다. 이를 바탕으로 내년도 폭염 일수를 예측하는 거죠. 더 정확한 데이터를 얻기 위해 세계의 다양한 폭염 일수도 같이 고려해서 데이터를 만들어 볼 수 있어요. 모둠별로 기상청 사이트를 보면서 내년 여름에는 얼마나 더울지 예측해볼까요?

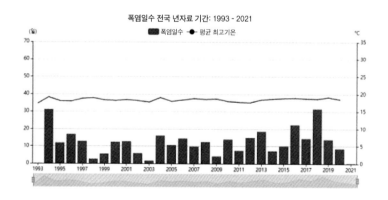

학생들은 최근 몇 년간 폭염 일수가 급격히 늘어난 자료를 보며 내년에도 온도가 상승할 것이라고 예상했다.

이 교사	여러분, 기상청에서 하루 이틀 날씨자료만 가지고 예보를 하면 어떨까요?
학생 3	날씨가 정확하지 않아요.
학생 4	계속 날씨를 잘못 예보할 것 같아요.
이 교사	맞아요. 날씨 예보의 정확도를 높이기 위해서는 많은 날짜를 계산하면 할수록 정확도가 높아지겠죠? 사람들이 관심 있어 하는 것들을 알게 되면 농사를 짓거나 사업을 하는 데도 도움이 될 수 있어요. 자! 질문을 한번 해볼게요. 이번 가을에 사람들은 사과에 관심이 많을까요, 배에 관심이 많을까요?
학생 2	사과요! 사과는 빨간 색깔도 이쁘고 맛도 있어요.
학생 3	배요. 저는 배가 훨씬 시원하고 맛있었어요.
학생 4	저도 배를 사람들이 더 좋아할 것 같아요. 아삭아삭하는 게 맛있잖아요.
학생 2	아닌데? 사람들은 사과를 더 좋아할 것 같은데…. 선생님도 사과 좋아하시죠?
이 교사	선생님은 둘 다 좋아하는데요~ 그럼, 사람들이 어떤 과일을 많이 검색했는지 알 수 있으면 뭘 더 좋아하는지 알 수 있지 않을까요?
학생 3	물론 그렇겠지만, 우리가 그걸 어떻게 알 수 있어요? 지나가는 사람들한테 물어볼 수도 없고….
이 교사	그 검색을 할 수 있게 해주는 사이트가 있지요! '네이버 데이터 랩'이라는 사이트인데, 먼저 사과와 배의 검색어 추이를 한번 볼까요?

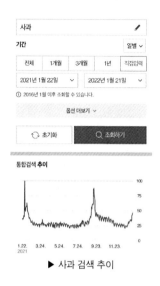

▶ 사과 검색 추이

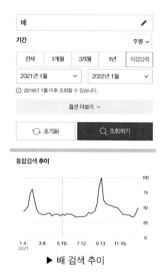

▶ 배 검색 추이

학생 4   이렇게 봐서는 어느 과일이 더 많이 검색됐는지 잘 모르겠어요.

이 교사   그렇죠? 그러면 주제어로 두 단어를 같이 넣어서 단어가 사용되는 빈도수를 비교해볼까요? 이렇게 보니 어떤 단어가 많이 검색되는지 알 것 같나요?

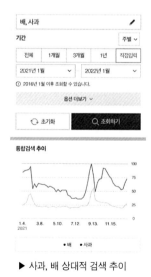

▶ 사과, 배 상대적 검색 추이

학생 2	이렇게 보니 사람들이 사과를 더 많이 검색한다는 걸 알 수 있어요! 맞죠? 역시 사과가 더 맛있다니까?
학생 3	그러네. 사람들이 사과를 진짜 더 많이 검색하네.
학생 4	선생님! 그래도 이건 많이 검색하는 내용이지, 어떤 과일이 더 맛있다는 것은 아니잖아요?
이 교사	맞아요. 여기서 많이 검색한다는 것이 꼭 맛있기 때문에 검색하는 건 아닐 수도 있지요. 맛과 검색 수가 100% 연관된다고는 볼 수 없지만, 그래도 어느 정도 관련이 있는 것 같다고는 말할 수 있지 않을까요? 그럼, 여기서 하나 더 이야기해볼까요? 이 두 그래프는 공통점이 있어요. 뭘까요?
학생 2	정답! 1월, 9월에 두 과일 모두 검색량이 많아져요!
학생 3	오, 그렇네. 진짜 1, 2월이랑 9, 10월에 검색량이 많아져요.
이 교사	왜 이렇게 검색량이 많아졌을까요?
학생 4	9월 10월은 사과랑 배가 나오는 가을이니까 많이 검색될 것 같아요.
이 교사	오~ 정말 그럴 것 같은데요? 그럼 1, 2월은? 왜 이렇게 검색량이 많아졌을까요?
학생 2	음…. 글쎄요. 겨울이니까 집에서 과일을 많이 먹게 되나?
학생 3	사과랑 배를 좋아하는 사람들이 겨울에 더 많이 생각나나 봐요.
이 교사	재미있는 생각들이네요! 선생님이 힌트를 하나 줄게요. 겨울과 가을에는 우리나라에서 특별한 일이 생겨요. 무슨 이벤트가 생길까요?
학생 4	아! 그때는 설날과 추석이 있어요. 명절이라서 사람들이 과일을 많이 검색하는 거 같아요! 우리 집도 차례상에 사과랑 배는 거의 꼭 올라가거든요.

학생들	오~
이 교사	와~ 타당한데요? 그럼 내가 만일 과일 장수라면 언제 사과와 배를 많이 준비해야 할까요?
학생 2	당연히 가을, 겨울이죠. 내년에도 설날과 추석은 있으니까요.
이 교사	좋은 생각이에요. 여러분이 이렇게 찾아본 것처럼 과일뿐만 아니라 패션, 검색어 트렌드, 뉴스 댓글 통계도 볼 수 있어요. 이제 모둠별로 주제를 하나 정해서 검색 트렌드를 알아볼까요? 어떤 단어들이 많이 검색되는지, 어떤 물건들이 많이 팔리는지를 알아볼게요.

01 | 'https://data.kma.go.kr/'에 접속합니다.

02 | **'기후통계분석'**에서 다양한 기상현상의 데이터를 확인할 수 있습니다.

03 | 폭염 일수를 다양한 방법으로 지역, 기간 등을 설정하여 확인할 수 있습니다.

04 | 정보를 한눈에 확인하기 위해 **'그래프'**를 클릭합니다.

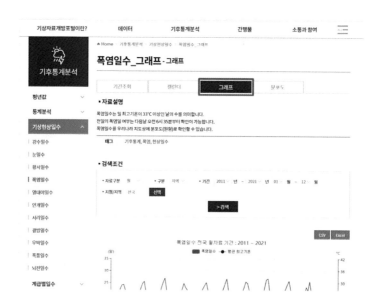

05 | 월/년, 지역, 기간 등을 설정하여 그래프를 확인합니다. '**Excel**' 버튼을 클릭
하여 데이터를 다운받을 수 있습니다.

▪ **자료설명**

폭염일수는 일 최고기온이 33℃ 이상인 날의 수를 의미합니다.
전일의 폭염일 여부는 다음날 오전 6시 35분부터 확인이 가능합니다.
폭염일수를 우리나라 지도상에 분포도(원형)로 확인할 수 있습니다.

　　　태그　　　기후통계, 폭염, 현상일수

▪ **검색조건**

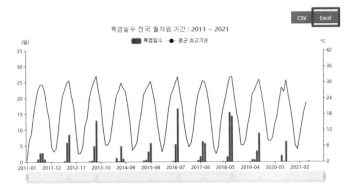

06 | 마우스 스크롤 기능을 활용하여 확인 범위를 조정할 수 있습니다.

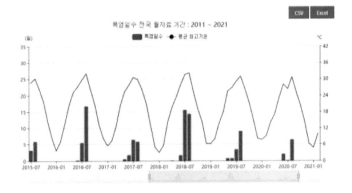

폭염 일수 예측하기

◇ 폭염이란?

> 평년보다 기온이 매우 높아 더위가 심해져 일상생활에 지장을 줄 정도가 되는
> 상태다. 폭염 일수는 일 최고기온이 33℃ 이상인 날의 수를 의미하며, 전일의
> 폭염일 여부는 다음날 오전 6시 35분부터 확인이 가능하다.

◇ 인공지능은 빅데이터를 활용하여 미래를 예측할 수 있습니다. 기상청
기상자료개방포털의 데이터를 참고하여 올해의 폭염 일수 및 발생 월
을 예측해봅시다.

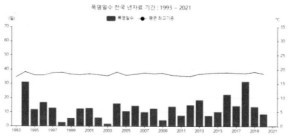

폭염일수 전국 년자료 기간 : 1993 ~ 2021

〈최근 30년간 폭염 일수〉

연도	폭염 일수 합계	연도	폭염 일수 합계	연도	폭염 일수 합계
1991		2001		2011	
1992		2002		2012	
1993		2003		2013	
1994		2004		2014	
1995		2005		2015	
1996		2006		2016	
1997		2007		2017	
1998		2008		2018	
1999		2009		2019	
2000		2010		2020	

(1) 폭염 일수가 가장 적은 해는 몇 년도 인가요?

( )년도, ( )일

(2) 폭염 일수가 가장 많은 해는 몇 년도 인가요?

( )년도, ( )일

◆ 조사 결과를 빅데이터로 활용하여 올해의 폭염 일수를 예상해봅시다.

구글 트렌드

01 | 'https://trends.google.co.kr/trends/?geo=KR'에 접속합니다. 검색어를 입력합니다.

02 | 최다 검색량을 100을 기준으로 하여 상대적으로 언제 얼마나 검색되었는지 표로 확인할 수 있습니다.

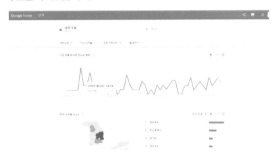

03 | 검색한 키워드와 관련하여 어느 지역에서 가장 인기가 있었는지, 어떤 주제가 관련하여 검색이 많이 되었는지 확인할 수 있습니다.

01 | '**https://datalab.naver.com**'에 접속합니다. 분야별 인기 검색어와 인기 분야를 확인할 수 있습니다.

02 | '**검색어트렌드**'에서는 특정 검색어가 얼마나 많이 검색되었는지 확인할 수 있습니다. 기간별, 연령별, 성별로 특정지어 검색할 수 있습니다.

03 | 최다 검색량을 100으로 설정하여 상대적으로 언제 얼마나 검색되었는지 표로 확인할 수 있습니다.

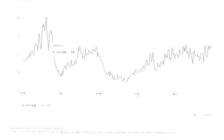

목요일은 전담 수업이 없는 날이다. 그렇기에 2교시 후 중간 놀이 시간은 꿀맛 같은 휴식 시간이었다. 다행히 중간 놀이 시간은 30분이나 되어서 커피를 내리거나 급한 공문을 처리하기에도 충분했다. 학생들도 이 시간에는 운동장으로 나가거나 도서관을 가는 등 여유롭게 시간을 즐겼다. 교사 휴게실에 거의 다 왔을 때 이상하지만 익숙한 멜로디가 들렸다.

"아-에---오--- 우----!"

그 소리는 교사 휴게실에서 들리는 소리였다. 마침 휴게실에는 2학년 장지영 선생님과 3학년 박소현 선생님이 스마트 패드를 두고 같이 보고 있었다.

이 교사 뭐하고 계세요? 노랫소리 비슷한 게 복도까지 들리네요.

박 교사 복도까지 들렸어요? 좀 작게 해야겠어요. 이 녀석들이 제법 소리가 크네요.

이 교사 그게 뭐예요?

장 교사 '구글 실험실'이라는 건데요. 저희 아이들이 학교에서 배워왔다고 가족들이랑 해봤거든요. 지금 하고 있는 기능은 오페라 음악을 만들어보는 기능이에요.

이 교사 아. 이것도 구글 실험실에 있는 프로그램이에요? 저번에 세미컨덕터 프로그램 하나 써보기 위해서 들어가 봤어요. 재밌는 기능들이 많더라고요. 지금 하고 계신 건 뭐예요?

박 교사 지금은 'Blob Opera'라고 구글 실험실 기능 중 하나예요. 이렇게 라바처럼 생긴 캐릭터들을 터치로 움직이면 음의 높낮이도 조절하고 발음도 조절하면서 곡을 연주해볼 수 있어요. 자신이 연주하는 곡을 녹음할 수도 있어서 수업에도 재미있게 이용할 수 있을 것 같아요.

이 교사 오페라가 학생들이 흥미를 느끼기에 어려울 것 같은데 캐릭터가 귀여워서 좋아하겠는데요?

장 교사 그렇죠? 우리 첫째가 학교에서 배워왔는데 동생들도 곧잘 재미있게 하더라고요. 대신 집에서 하니까 온종일 "아~아아아아~" 하는 노랫소리가 계속 들리긴 했지만요.

이 교사 오~ 직관적이고 아이들이 재미있어하겠는데요?

박 교사 네. 몇 번 이용해보니까 음높이도 한눈에 알아보기 쉽게 되어 있고 발음도 조절할 수 있어서 생각보다 다양하게 표현 가능했어요. 위아래로 스크롤 하면 음높이가 달라지고 좌우로 스크롤 하면 발음을 다르게 할 수 있거든요. 선생님도 한번 해보세요.

이 교사는 박소현 선생님에게 패드를 받아 몇 번 만져보았다. 적응하는 데 오랜 시간이 걸리지는 않았다. 캐릭터는 4개가 각 파트를 맡고 있었다.

▶ BLOB OPERA 4가지 캐릭터

캐릭터는 각각 소프라노, 메조소프라노, 테너, 베이스로 되어 있었다. 스크롤을 위아래로 움직이면 캐릭터들이 늘어나거나 줄어들거나 하며 음높이를 표시해주었다. 화면 옆에 음높이를 그래프처럼 표시해주어 음의 높이를 잘 인지하지 못하는 학생들에게 시각적으로 도움이 될 듯하였다.

▶ 스크롤을 상하로 움직였을 때 음높이를 조절하는 모습

▶ 스크롤을 왼쪽으로 했을 때 ▶ 스크롤을 오른쪽으로 했을 때

그뿐만 아니라 좌우로 움직일 때는 캐릭터들이 입 모양을 바꾸며 발음도 바꾸어서 학생들이 입 모양을 따라 할 때 유용해 보였다.

이 교사 선생님! 그런데 소프라노를 움직이니까 메조소프라노, 테너, 베이스들도 같이 소리를 내는데요?

박 교사 높은 대역의 소리를 내면 아래 대역의 음들이 화음을 넣어주는 형식 같아요. 화음을 넣기 싫으면 음소거 버튼을 누르니까 작동하지 않더라고요.

이 교사 아, 그렇군요. 이야~ 이거 음악에 자신 없는 학생들도 재미있게 참여할 수 있겠는데요? 저도 완전 음치인데 이 프로그램만 잘 다루면 가수처럼 노래할 수 있겠어요.

장 교사 음소거 기능을 이용하면 4명이 합창도 가능해요. 어제 집에서 아이들이 각자 휴대폰으로 베이스, 테너, 메조소프라노 맡아서 음악 합창 연습도 하더라고요. 우리 반 학생들은 2학년이라서 직접 조작하기는 조금 힘들 거 같고 고학년생은 연습하면 제법 괜찮게 연주할 수 있지 않을까요? 마치 클럽에 있는 DJ들처럼요.

이 교사 정말 좋은 아이디어 같아요. 평소 음악에 자신이 없어서 아이들한테 제대로 된 음을 가르쳐 준 게 맞나 싶었는데, 이 프로그램을 이용하면 스스로 점검하며 노래 부를 수도 있겠네요.

박 교사 　오페라라고 하는 게 어려운 장르잖아요. 사실 저도 오페라를 직접 본 적도 없고 영상으로 보면 지루한 것 같은데 아이들은 오죽하겠어요. 그런데 이렇게 놀이처럼 음악을 배우면 훨씬 친숙하게 다가갈 듯하네요.

장 교사 　구글 실험실에 이것 말고도 다양한 게 정말 많더라고요. 바흐, 모차르트, 베토벤처럼 음악을 작곡하는 프로그램도 있고, 그림처럼 그리면 음악이 들리게 해주는 프로그램도 있고…. 대부분 어렵지 않아서 조금만 조작해보면 금방 익힐 수 있었어요. 이것들도 한번 해보세요. 저희 학년은 작곡이나 이런 건 힘들 것 같고 그림 그린 것에 따라 음악이 나오는 프로그램을 사용해 보려고요. 낙서처럼 해도 음악이 그럴듯한 음악이 나왔거든요.

이 교사 　혹시 이 프로그램인가요? 쉬는 시간도 남았으니 이것도 한번 해보아야겠어요.

　AI 교육 선도학교를 운영한 지 1년도 안 되어 AI 기술에 관심을 가지고 수업에 활용 하기 위한 방법을 자연스럽게 떠올리는 선생님들의 모습에 이 교사는 뿌듯한 마음이 들어서 미소 지었다. 더불어 자신도 분발 해야겠다는 생각을 하며 남은 중간 놀이 시간 동안 구글 실험실을 열심히 둘러보았다.

 읽을거리

◎ 구글 AI 실험실

　구글 AI 실험실은 사진, 그림, 언어, 음악 등을 활용한 AI 머신러닝 프로그램을 누구나 쉽게 체험해볼 수 있도록 제공하는 사이트입니다. 글쓰기와 AI를 연계한 'AI + WRITING', 티처블 머신, 신경망, 고차원 공간의 시각화와 AI를 연계한 'AI + LEARNING', 그림과 신경망 AI를 연계한 'AI + DRAWING', 음악과 AI를 연계한 'AI + MUSIC' 외에도 다양한 AI 프로그램을 제공하고 있습니다.

구글 실험실 AI

01 | '**https://experiments.withgoogle.com/collection/ai**'에 접속합니다. 사진, 그림, 언어, 음악 등을 통해 AI 머신러닝을 다양하고 쉽게 체험해볼 수 있습니다.

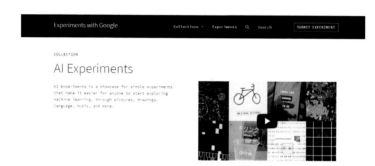

02 | 각 분야별로 AI를 활용한 활동을 체험할 수 있습니다.

<AI + WRITING>
작가들이 영감을 받거나 글을 쓰는 과정 등과 관련한 머신러닝 프로그램을 만나볼 수 있습니다.

<AI + LEARNING>

머신러닝 모델, 신경망, 머신러닝 작업의 진행 방식 등을 체험해볼 수 있는 티처블 머신, 신경망, 고차원 공간의 시각화 프로그램을 만나볼 수 있습니다.

AI + LEARNING

  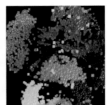

TEACHABLE MACHINE
by Google Creative Lab

A fast, easy way to create machine learning
models – no coding required.

WHAT NEURAL NETWORKS SEE
by Gene Kogan

Explore the layers of a neural network with
your camera.

VISUALIZING HIGH-DIMENSIONAL SPACE
by Smilkov / Viegas / Wattenberg

Get a peek at how machine learning works.

<AI + DRAWING>

내가 그린 그림이 무엇인지 맞추는 AI, 그림을 함께 그리는 AI, 내 손글씨를 학습하는 AI를 만나볼 수 있습니다.

AI + DRAWING

QUICK, DRAW!
by Google Creative Lab

A game where a neural net tries to guess
what you're drawing.

SKETCH-RNN DEMOS
by Ha / Jongejan / Johnson

Draw together with a neural network.

HANDWRITING WITH A NEURAL NET
by Le Cru / Ha / Ishikawa / Graves

Play with a neural net that generates
handwriting based on your style.

<AI + MUSIC>

프레디 머큐리(Freddie Mercury, 영국의 음악가)와 얼마나 비슷하게 목소리를 내는지 판단해주는 AI, 내가 연주하는 음에 맞춰 함께 연주해주는 AI, 내 지휘를 인식하여 오케스트라를 연주해주는 AI 프로그램을 만나볼 수 있습니다.

AI + MUSIC

FREDDIEMETER
by Google Research, Google Creative Lab,
YouTube Music

An AI-powered singing challenge that rates
how closely your singing matches the voice
of Freddie Mercury

AI DUET
by Yotam Mann

A piano that responds to you.

SEMI-CONDUCTOR
by Google Creative Lab

Conduct your own orchestra in the browser by
moving your arms

그 외에 손으로 표현하는 동물이 무엇인지 맞히는 AI, 내가 찍은 물체가 무엇인지 판단하고 가사에 넣어 음악을 들려주는 AI 등을 만나볼 수 있습니다.

ALL AI EXPERIMENTS

ALTO
by Google Creative Lab

Explore the basics of machine learning by
building your own teachable object at home.

SCROOBLY
by Google Partner Innovation & bit.studio

Create fun animations in real-time with your
camera.

LOOK TO SPEAK
by Sarah Ezekiel & Google Creative Lab

An Android app which enables people to use
their eyes to select pre-written phrases and
have...

INFINITE BAD GUY
by YouTube Music, Google Creative Lab,
IYOIYO

One Song. Thousands of covers. An infinite
music video experiment.

BYOTM (BRING YOUR OWN TEACHABLE
MACHINE)
by Matt Santamaria

Send text messages to family and friends
using your personalized Teachable Machine
speech recognizer.

LIPSYNC BY YOUTUBE
by Google PI & bit.studio

An AI-powered challenge that rates how
closely your lip syncing matches the song:
This...

교원 협의

데이터 기반 퀴즈 만들기
: 엔트리 데이터 분석

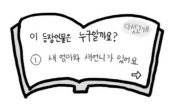

"선생님! 오늘 동아리 활동 있죠?"

오늘도 서윤이는 5학년 담임인 김다희 선생님에게 동아리 일정에 대해 물어보았다. 격주로 운영되는 것을 알고 있지만, 동아리 활동에 기대가 큰 서윤이는 매주 수요일마다 확인차 물어보았다.

김 교사　응, 오늘은 동아리 활동 있어. 오늘은 어떤 활동할 거야?

미래초등학교에서는 동아리 활동 내용을 교사가 물어보는 것이 오히려 익숙했다. 애초에 동아리 부서나 활동 계획을 학생들 주도로 만들어 운영하다 보니 교사보다 학생들이 더 동아리 활동에 전문가가 되는 것이다. 이렇게 학생 중심 동아리 활동이 운영된 지 3년째가 되어 학기 초가 되면 학생들은 쉬는 시간마다 동아리 부원을 모집하거나 지도교사 선생님을 초빙하기 위해 이리저리 돌아다녔다. 학교에서는 동아리에 어느 정도 예산도 나눠주어서 학생들이 하고 싶은 활동이나 필요한 재료, 준비물을 요청하면 지도교사가 검토한 뒤에 구매해 주었다. 미래초등학교의 동아리 설립 과정은 아래와 같았다.

〈동아리 설립 과정〉
1. 동아리의 회장이나 대표가 될 학생들이 동아리 부원들을 모집한다.
2. 동아리 부원들과 1년간의 활동 계획을 기획한다.
3. 활동 계획을 바탕으로 지도교사를 맡아주실 선생님을 섭외한다.
4. 동아리 등록서류를 작성하여 담당 선생님께 제출한다.

때에 따라 선생님들의 도움이 필요로 한 경우도 있었다. 김 교사가 맡은 독서동아리가 그런 경우였다. 독서동아리는 도서관에서 책 읽기를 좋아하는 조용한 학생들이 주로 속해 있었다. 그래서 처음에는 같은 주제의 책 읽기 등 독서 그 자체에만 집중하는 활동을 하다 보니 다른 동아리에 비해 정적이고 다소 경직된 느낌이 있었다. 그래도 1학기에 김 교사가 동아리 학생들을 위해 몇 가지 이벤트를 함께 진행하면서 독서동아리 아이들이 독서 활동에 다양한 아이디어도 내고 적극적으로 참여하는 모습으로 변화하였다.

지난 독서동아리에서 활동했던 내용은 이런 것들이 있었다. 책을 원작으로 한 영화 감상하고 책과 비교하기, 주인공의 입장이 되어 독서 토론하기, 책 표지 따라 그려서 에코백 만들기, 추천 도서 목록 만들기, 책 제목으로 끝말잇기 대결 등…. 같이 놀이를 하면서 책 읽기의 부담은 줄이고 책 읽기가 즐겁고 재미있는 활동이라고 느끼는 데 초점을 둔 것이다.

다행히 독서동아리 아이들의 독서량은 학기 초에 비해 눈에 띄게 늘었다. 하지만 독서동아리가 아닌 아이들의 독서량은 지지부진했다. 1인당 대출 권수도 점점 줄어들었고 중간 놀이시간이나 점심시간에 도서관에는 대부분 독서동아리 아이들만이 앉아서 독서를 하거나 도서 대출을 하곤 했다. 그 문제를 가장 먼저 인식한 학생은 독서동아리 회장 서윤이었다.

서윤	선생님. 도서관에 독서동아리 아이들 말고는 거의 안 와요.
김 교사	그러게…. 선생님도 다른 친구들이 많이 왔으면 좋겠는데 관심이 없는지 도통 오질 않네.
서윤	그래도 독서의 계절 가을인데 다른 친구들도 책을 많이 읽을 수 있도록 이벤트 만들어보면 어때요?
김 교사	좋은 생각인데? 혹시 생각해둔 이벤트 있어?
서윤	그건 동아리 아이들과 한번 이야기해 봐야죠! 그럼 오늘 동아리 시간에는 이 내용으로 바꿔서 운영할게요!

독서동아리 학생들은 동아리 시간에 친구들이 도서관에 오게 하는 방법에 대해 아이디어 회의를 했다. 처음에는 독서퀴즈를 쪽지로 응모하는 아이디어가 나왔다. 좋은 아이디어였지만 지난 독도의 날, 한글날 등 학교에서 많이 해본 방법이라 친구들이 흥미를 느끼지 못할 것 같다고 취소되었다. 다른 이벤트는 없을까 토의하던 중에 6학년 아이들에게서 기발한 아이디어가 나왔다.

26. 데이터 기반 퀴즈 만들기: 엔트리 데이터 분석

학생 1 얘들아, 독서 퀴즈 프로그램을 만들면 어떨까? 쪽지로 푸는 게 아니라 컴퓨터로 문제를 푸는 거지. 문제를 맞히는 사람들에게 간단한 상품을 주면 친구들의 관심이 많을 것 같은데?

학생 2 좋은데 너무 어려우면 싫어할 것 같아. 그리고 3학년인 우리는 6학년 문제 못 푸는데….

학생 1 그렇구나. 아! 그럼 학년별로 문제를 다르게 내면 어떨까?

학생 3 그럼 되겠네! 너무 어렵지 않게 학생들 수준에 맞추어서 말이야.

학생 4 그럼 스무고개처럼 여러 번 질문할 수 있도록 만들면 좋을 것 같아.

학생 5 스무 번의 질문은 너무 많고 시간이 오래 걸릴 것 같아. 간단히 할 수 있게 다섯 문제 정도로 하면 좋을 것 같은데. 대신 몇 단계에서 맞췄는지에 따라 상품도 조금씩 다르게 하면 더 열심히 문제를 풀려고 하지 않을까?

학생 2 그런데 가장 큰 문제는 우리가 그 프로그램을 만들 수 있어? 컴퓨터로 만들면 너무 어려울 것 같은데

학생 1 그러게…. 우리도 엔트리를 배우긴 했는데 그렇게 잘하진 못해서, 어떻게 해야 할지 감이 잘 안 잡히네.

학생 3 선생님께 만들어 달라고 부탁해볼까?

학생 4 차라리 AI 동아리 애들한테 부탁해보자. 저번에 현수가 가위바위보 프로그램도 만들었잖아. 이번에는 문제 프로그램을 만들어달라고 하는 거지.

학생 1 오~ 좋은 생각인데? AI 동아리 회장 현수한테 내가 말해볼게! 맛있는 거 하나 들고 가서 부탁해봐야겠어!

동아리 시간이 끝나고 교실로 돌아온 서윤이는 제일 먼저 현수에게 다가가 자신들이 구상해본 프로그램을 말해주고 부탁을 했다.

현수	말로만 들어서는 엄청 어려울 것 같진 않은데 만들어봐야 알겠네? 대신 독서동아리에서 문제를 만들어줘. 프로그램은 우리가 만들어볼게.
서윤	오! 만들어주는 거야? 고마워! 그럼 우리가 학년별로 난이도를 조절해서 문제를 만들어볼게. 각 학년 담임선생님들에게 학생들이 어떤 책을 읽었는지 알아보고 문제를 만들어야겠다.
현수	내 생각에는 다섯 고개라고 질문 다섯 개만 만들기보다는 여러 가지 질문을 같이 입력해서 랜덤으로 나오도록 하면 더 재미있을 것 같아.
서윤	그렇네. 질문이 다섯 개밖에 없으면 금방 답을 알 수도 있으니까 여러 가지 질문을 만들어도 재미있겠다! 만든 프로그램은 도서관에 배치해둬서 책을 다 읽은 애들이 반납할 때 문제를 풀고 맞춘 개수만큼 상품을 줘야겠어.
현수	앗싸! 그럼 나는 문제도 답도 다 볼 수 있으니까 빨리 풀고 상품 타야지~
서윤	그렇게 큰 상품도 없어. 그냥 과자랑 초콜릿 같은 것들이야. 너는 특별히 우리 프로그램 만들어줬으니까 간식 좀 챙겨줄게~ 대신 예쁘게 잘 만들어줘.
현수	알았어! 최선을 다해 만들어야겠는걸? 우리도 동아리 아이들이랑 어떻게 만들지 이야기해볼게.

||||||||||| 데이터 기반 다섯 고개 퀴즈 만들기 |||||||||||

01 | '**https://playentry.org**'에 접속합니다.

02 | 상단 메뉴의 '**만들기**'-'**작품 만들기**'를 클릭합니다.

03 | + 오브젝트 추가하기 버튼을 눌러서 오브젝트를 추가합니다.

04 | 다양한 오브젝트 중에서 원하는 것을 선택하고 추가하기 버튼을 클릭합니다.

26. 데이터 기반 퀴즈 만들기: 엔트리 데이터 분석

05 | '**데이터분석**'-'**테이블 불러오기**'를 클릭하여 AI가 무작위로 문제를 낼 다섯 고개의 데이터를 불러옵니다.

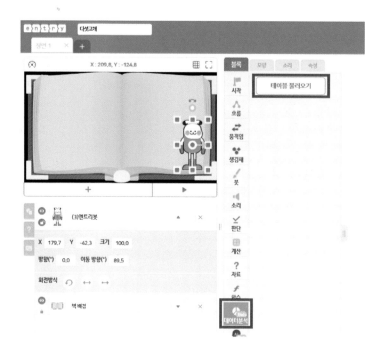

06 | '**테이블 추가하기**' 버튼을 클릭합니다.

07 | 엔트리 창에 바로 데이터를 입력하여 테이블을 만들거나 엑셀로 미리 작성한 데이터를 업로드합니다. **'파일 올리기'-'파일 선택'**을 통해 엑셀 파일을 불러올 수 있습니다. 파일을 선택한 후 **'추가'** 버튼을 클릭합니다.

08 | 데이터를 확인하고 왼쪽 화면 상단 **테이블 불러오기 옆의 아이콘**을 클릭하면 다시 엔트리 제작 화면으로 돌아갑니다.

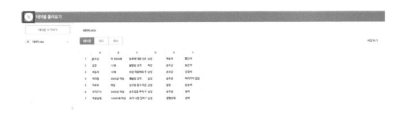

09 | 블록에서 **'시작'-'시작하기 버튼을 클릭했을 때'** 블록을 넣어줍니다.

26. 데이터 기반 퀴즈 만들기: 엔트리 데이터 분석

10 | **'속성'**-**'변수'**-**'변수 추가하기'**를 클릭하여 등장인물 변수를 만들어줍니다. 만든 뒤 변수 목록 옆의 눈동자 아이콘을 클릭하면 변수를 화면에서 숨길 수 있습니다.

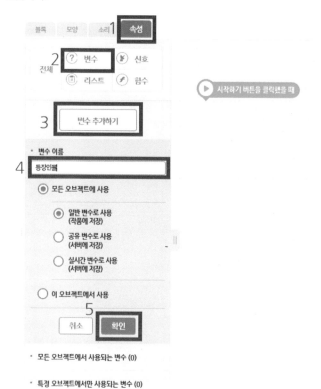

11 | '**자료**'에서 '**등장인물을 10(으)로 정하기**' 블록을 넣습니다.

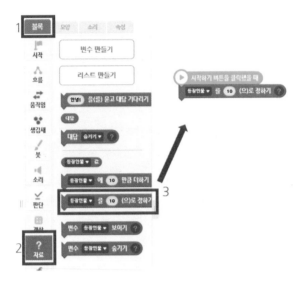

12 | '**계산**'-'**0부터 10사이의 무작위 수**' 블록을 '**등장인물을 ~(으)로 정하기**' 블록 안에 넣습니다.

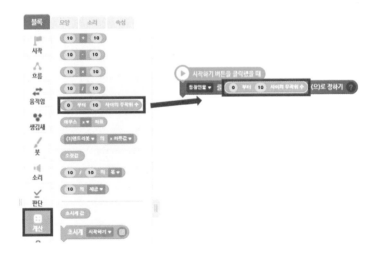

26. 데이터 기반 퀴즈 만들기: 엔트리 데이터 분석

13 | '데이터분석'-'테이블의 행 개수' 블록을 넣어 **'1부터 테이블 데이터의 행 개**
수 사이의 무작위 수'로 만들어줍니다.

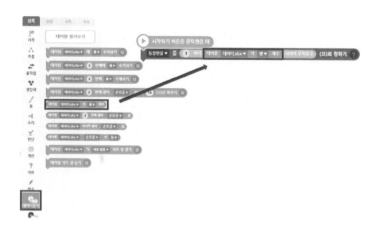

14 | 다섯 고개이므로 **'흐름'-'5번 반복하기'** 블록을 넣습니다.

15 | '생김새'-'안녕!을(를) 4초 동안 말하기' 블록을 넣고 적절한 대사와 시간을
설정해줍니다.
㉠ 이 등장인물은 누구일까요? 3초

16 | **'자료'-'리스트 추가하기'**를 클릭하여 질문 목록을 만들어 봅니다. 제목 옆의 **눈동자 아이콘**을 눌러 화면에 내용이 나오지 않도록 설정합니다.

26. 데이터 기반 퀴즈 만들기: 엔트리 데이터 분석

17 | 질문하는 동안에 질문 목록이 보여지도록 **'자료'-'리스트 질문목록 보이기'**
블록을 넣습니다.

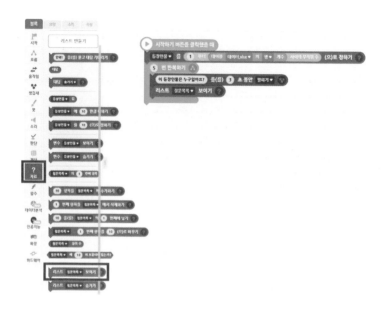

18 | 질문목록의 리스트가 번호로 되어 있기 때문에 궁금한 것에 대한 질문은 번
호로 하도록 **'~을(를) 묻고 대답 기다리기'** 블록을 넣어 안내합니다.

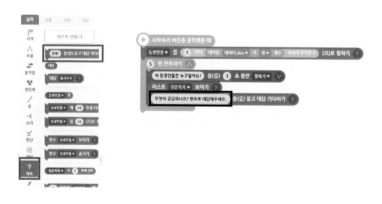

19 | 대답하는 동안에는 질문목록이 보이지 않도록 **'자료'-'리스트 질문목록 숨기기'** 블록을 넣습니다.

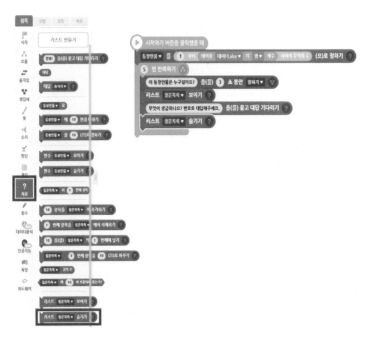

20 | **'흐름'-'만일 참(이)라면, 아니면'** 블록을 아래에 넣어줍니다.

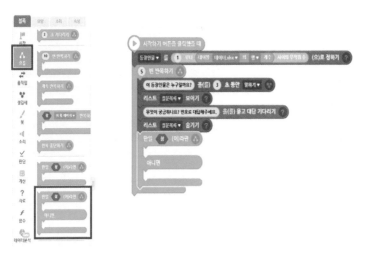

26. 데이터 기반 퀴즈 만들기: 엔트리 데이터 분석

21 | '판단'-'10=10'블록을 '만일 ~(이)라면' 블록에 넣어줍니다.

22 | '자료'-'대답' 블록을 넣고 리스트의 숫자 '1'을 넣어줍니다.

23 | '생김새'-'안녕!을(를) 3초 동안 말하기' 블록을 넣습니다.

24 | '**계산**'-'**~와 ~를 합치기**' 블록을 2개 겹쳐 넣습니다. 리스트 1번은 나이에 대한 질문이므로 '**나이는 ~ 입니다**'를 넣어주었습니다.

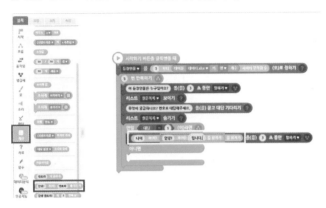

25 | 데이터를 기반으로 무작위로 등장인물을 정해 대답할 수 있도록 '나이는 ~ 입니다.' 사이에 '**데이터분석**'-'**테이블 데이터의 나이 값**' 블록을 넣습니다.

26 | 데이터에서의 변수가 등장인물이므로 '**자료**'-'**등장인물 값**'을 '~번째 행' 앞에 넣습니다.

27 ❘ 지금까지 만든 **'만일~아니면'** 블록을 마우스 우클릭 **'코드 복사&붙여넣기'** 하여 변수를 1부터 4까지 모두 만들어 줍니다.

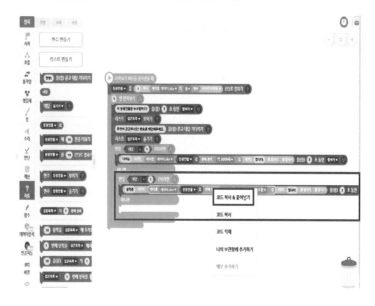

28 ❘ **'만일~아니면'** 블록의 변수 1~4까지 넣고 적당한 대답을 설정한 뒤 마지막 '아니면'에는 변수 5의 대답을 넣습니다.

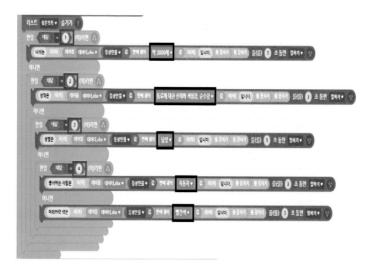

29 | 질문에 대해 바른 대답을 하기 위한 블록을 만듭니다. 조건 블록의 아래에 **'흐름'-'참이 될 때까지 반복하기'** 블록을 넣습니다.

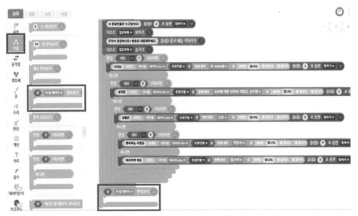

30 | **'판단'-'10=10'** 블록을 반복하기 블록에 넣습니다.

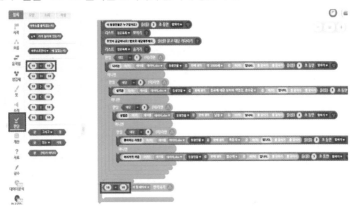

31 | **'자료'-'대답'** 블록을 넣습니다.

32 │ 등장인물을 맞히는 다섯 고개이므로 **'데이터분석'-'테이블 데이터의 등장인물 값'** 블록을 넣어줍니다.

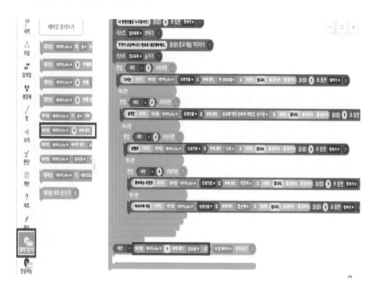

33 │ '자료'-'안녕!을(를) 묻고 대답 기다리기' 블록을 넣고 정답을 묻는 말로 바꿔줍니다.

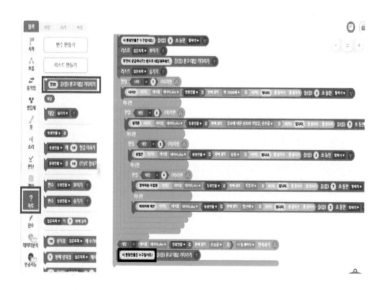

34 | '**흐름**'-'**만일~아니면**' 블록을 넣고 반복하기의 값의 코드를 복사 붙여넣습니다.

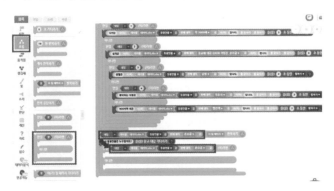

35 | '**생김새**'-'**안녕!을(를) 4초 동안 말하기**' 블록을 두 곳에 넣고 정답을 맞힐 경우와 틀릴 경우의 대답을 정해줍니다.

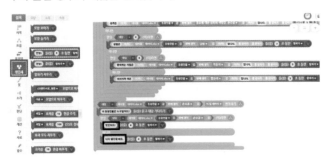

36 | **재생** 버튼을 눌러 다섯 고개를 실행해봅니다. 다섯 가지의 질문에 대한 대답을 한 뒤에 정답을 묻는 장면을 확인할 수 있습니다.

독서 다섯 고개 퀴즈 만들기

◇ 엔트리를 사용한 다섯 고개 퀴즈를 만들기 위한 준비를 해 봅시다.

(1) 도서관에서 선정한 이번 달 권장 도서 중 한 권을 골라 봅시다.

(   )

(2) 위의 도서에 등장하는 등장인물 중 내가 설명하고 싶은 인물을 쓰고 특징을 적어봅시다.

등장인물 이름 : ( )	
생김새	
성격	
가족	
특징1	
특징2	

(3) (2)의 내용을 바탕으로 다섯 고개 퀴즈를 만들어 봅시다.

〈주의 사항〉
※ 다섯 고개 문제는 점점 범위를 좁혀갈 수 있도록 처음부터 너무 자세한 힌트를 주지 않는다.
※ 다섯 고개 설명에 해당하는 다른 등장인물이 책 속에 더 있는지 살펴본다.

①	
②	
③	
④	
⑤	

머신러닝 알고리즘의 종류
: 지도, 비지도, 강화 학습

AI 교육 선도학교 담당 업무를 맡은 이수빈 선생님에게 업무 시즌이 찾아왔다. 바로 10월 10일 소프트웨어 교육의 날이 다가오고 있기 때문이었다. 미래초등학교에서는 10월 10일이 있는 주를 AI 교육주간으로 삼아 AI와 관련된 교육 프로그램을 운영하기로 하였다. 전 학교에서는 소프트웨어 선도학교 업무를 하면서 매년 소프트웨어 주간을 진행해온 덕분에 큰 부담은 되지 않았다. 최근에는 교육부나 시도교육청에서 배포해주는 교육 자료가 소프트웨어뿐만 아니라 AI 교육 관련 내용도 함께 제공되는 사례가 부쩍 늘어 선생님들의 수업자료를 찾는 어려움이 크지 않다.

AI 교육주간에는 크게 4가지 프로그램으로 진행될 예정이었다. 첫 번째로 각 반에서 이루어지는 AI 프로젝트 수업이었다. 창의적 체험활동 시간을 활용하거나 실과, 수학, 과학 등 교과과목과 연계하여 AI 수업 활동을 한다. 각 수업의 아이디어는 각 반 담임 선생님들께서 연구하되 참고 자료들은 이 교사가 전송해주기로 하였다. 두 번째 프로그램은 AI 동아리의 AI 체험부스 활동이었다. 1, 2학기에 만들었던 AI 체험프로그램을 복도 곳곳에 설치해놓고 쉬는 시간마다 학생들이 놀이처럼 즐기는 방식으로 기획했다. 체험마다 자그마한 상품들도 마련해두어 학생들의 참여도를 높였다. 이 프로그램들에는 레고를 조립하여 코딩하거나 드론의 움직임을 적용해보는 교육 프로그램 등이 있었다. 세 번째 프로그램은 학부모 연수 프로그램이었다. 학부모 연수는 '학생들과 함께 간단한 홈 IoT 구축하기 체험'을 실시하였다. 학부모 연수는 보통 지루한 연수가 되기 쉽다는 생각에 체험형으로 연수를 기획했다. 스마트 스피커를 직접 이용해 보거나 스마트 스피커로 조명 켜기, 음악 듣기 등 기초적인 활동을 해보았다. 마지막 프로그램은 교사용 연수 프로그램이었다. 이 내용은 이 교사가 전문적 학습 공동체 시간에 선생님들이 평소 AI 교육에 대해 궁금했던 것을 체험해보는 시간으로 구성하였다. 선생님들 대부분이 AI 연수를 원격으로 수료한 경험이 많아서 이론을 실제로 적용하는 데 있어 헷갈려 하는 부분들이 있었다. 그중에서도 머신러닝의 한 종류인 지도, 비지도, 강화 학습에 대해 체험해보기로 하였다.

이 교사   선생님, 오늘은 제가 이렇게 전문적 학습 공동체 시간에 짧은 연수를 하게 되었습니다. 이번 주가 AI 교육주간이라 AI와 관련된 연수를 준비했는데요. 몇몇 선생님들께 어떤 주제를 하면 좋겠는지 여쭈어보니 온라인 연수 때 개념이 잘 와닿지 않던 지도,

비지도, 강화 학습에 대해 가르쳐주면 좋겠다고 하시더라고요.

임 교사 선생님~ 벌써 어려운 거 같아요. 지도? 비…. 뭐? 암튼 쉽게 가르쳐 주세요.

이 교사 네, 노력해보겠습니다. 먼저 이 세 가지 학습을 알기 위해서는 머신러닝에 대해 알아야 하는데요. 머신러닝은 이렇게 말할 수 있어요.

◎ 머신러닝 (Machine Learning)이란?

머신러닝은 기계학습으로 컴퓨터가 데이터의 특징과 관계를 파악하여 학습하는 알고리즘 기술입니다. 인공지능이 데이터를 학습하는 것을 말하며 머신러닝을 통해 패턴과 규칙을 파악하고 결정 및 예측을 합니다. 기존의 컴퓨터는 데이터를 알고리즘에 대입하여 문제를 해결하지만, 머신러닝은 데이터와 데이터 결괏값을 바탕으로 알고리즘을 학습합니다. 머신러닝이 정확하고 신뢰도가 높은 알고리즘을 학습하기 위해서는 양질의 데이터를 많이 입력하면 좋습니다.

이 교사 이렇게 글로만 보시니까 잘 이해가 안 되시나요? 말 그대로 머신러닝은 '기계가 배운다.'라고 생각하시면 될 것 같아요. 그러면 무엇을 배울까요? 인간은 글자, 숫자, 상식 같은 것들을 배우잖아요? 기계는 대신에 데이터를 배우는 거죠. 몇 년 전에 이세돌 기사가 구글의 AI 컴퓨터와 바둑을 한 것도 AI 컴퓨터가 바둑 대결의 결과인 기보 데이터들을 학습했던 거죠.지도 학습은 선생님들께서도 이미 경험해보신 거예요. 혹시 1학기 때 박소현 선생님 동료 장학 기억나시나요? 그때 학생들이 쓰레기와 물고기를 구분하는 프로그램을 만들었어요. 처음에 '물고기는 어떠한 것이다. 쓰레기는 어

떤 것들이다.'라는 것을 입력해주고 인공지능이 데이터와 주어진 정답을 비교하며 데이터를 분류하는 거예요. 인공지능은 사용자가 알려주는 정답을 학습하면서 답을 찾는 거죠. 비지도 학습은 인공지능이 데이터들의 특성과 차이점을 스스로 찾아 그룹화합니다. 아까 예를 들어서 지도 학습은 물고기와 쓰레기를 구분해서 사용자가 '이건 물고기야.', '이건 쓰레기야.'라고 말해주었다면 비지도 학습은 데이터들을 한 번에 주고 인공지능이 스스로 분류하는 거죠. 지느러미 모양들이 있는 그룹과 그렇지 않은 그룹, 모양이 유선형인 그룹과 그렇지 않은 그룹 이렇게 인공지능이 스스로 공통점들을 찾아서 그룹으로 묶는 거죠. 아무도 정답을 알려주지 않았지만, 인공지능 스스로가 판단하고 규칙을 찾아서 키워드를 추천해주는 방식이에요.강화 학습은 상황에 따라 상과 벌을 받으면서 익히는 거예요. 이게 이세돌과 딥마인드 간의 바둑 대결이라고 보면 돼요. 게임에서 승리하는 상황과 패배하는 상황을 설명하지 않고 스스로 해보면서 승리하는 상황으로 스스로 찾아보는 겁니다. 로봇청소기를 돌리는 것도 생각해보면 강화 학습과 관련된 거죠. 로봇청소기를 처음 가동하면 어떻나요? 바로 청소하기보다는 집이 어떻게 생겼는지 맵핑을 하게 되죠. 그리고 청소를 시작하는데, 청소 횟수가 늘면 늘수록 청소 동선도 효율적으로 수정될 것이고 청소 시간도 줄어들게 될 거예요. 이렇게 이론적인 설명만으로는 힘드시죠? 이 원리를 적용한 수업 예시 활동을 준비했는데요. 같이 한번 보실까요?

지도 학습 활용	○,□,△ 모양의 다양한 물건을 분류하며 학습한 뒤, 물체 카드를 보고 해당 물건이 어떤 모양인지 답을 찾기
학습목표	○,□,△ 모양의 물건을 분류해 봅시다.
활동1	**○,□,△이 있는 물건 알기:** ○,□,△ 모양의 물건에는 어떤 것이 있는지 학습합니다. 例 ○ 모양의 물건에는 공, 지우개, 탬버린, 풀 등이 있습니다.
활동2	**○,□,△이 있는 물건 찾고 분류하기:** ○,□,△ 모양이 있는 물건 카드를 각 모양에 맞게 분류해봅니다. 例 탬버린, 공, 풀은 ○ 모양입니다. 교과서, 공책, 필통은 □ 모양입니다.
활동3	**○,□,△ 물건 카드놀이:** 여러 물건 그림이 있는 카드를 뒤집어 놓고 하나씩 뽑은 뒤 해당 물건이 ○,□,△ 중에서 어떤 모양의 물건인지 말합니다. 例 교과서는 □ 모양입니다.

비지도 학습 활용	다양한 모양의 물건을 비슷한 모양끼리 모은 뒤에 각 그룹에 이름 붙이기
학습목표	여러 가지 모양을 찾아봅시다.
활동1	**물건의 모양을 보고 같은 모양끼리 모으기:** 여러 가지 물건을 보고 비슷한 모양끼리 모아봅니다. 例 교과서, 필통, 색종이, 상자 / 풀, 소고, 탬버린
활동2	**모양 이름 정하기:** 모인 물건을 보고 모양의 이름을 붙여봅니다. 例 교과서, 필통, 색종이, 상자: 네모 모양
활동3	**모양 말하기:** 다른 물건의 사진을 보고 정한 모양의 이름을 찾아 말해봅니다. 例 노트북은 네모 모양입니다.

임 교사 아, 그렇군요. 이제 머신러닝, 지도 학습과 비지도 학습의 개념이 구분되는 것 같아요. 고마워요, 선생님.

27. 머신러닝 알고리즘의 종류: 지도, 비지도, 강화 학습

읽을거리

◎ 머신러닝의 종류: 지도 학습, 비지도 학습, 강화 학습

① 지도 학습

일정량 이상의 데이터를 입력하여 데이터의 패턴과 규칙을 찾아냅니다. 찾아낸 패턴과 규칙을 통해 어떤 데이터가 주어졌을 때 결과를 예측하거나 의사결정을 합니다. 지도 학습을 이용한 알고리즘의 대표적인 예로 회귀분석이 있습니다.

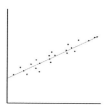

- 회귀분석

  입력된 데이터에서 두 변수 사이의 패턴을 찾아 함수를 찾아내어 연속적인 값을 출력하는 것을 의미합니다.

  ㉠ 다음 달에 물건이 얼마나 판매될지 유추하기, 거리에 따른 택시 요금 유추하기, 해수면의 높이 예측하기

② 비지도 학습

데이터만 가지고 컴퓨터가 스스로 데이터의 관계를 예측합니다. 비지도 학습 알고리즘의 대표적인 예로 클러스터링(군집화)가 있습니다.

- 클러스터링(군집화)입력한 데이터의 값을 파악하고 비슷한 성질을 가진 데이터끼리 군집으로 묶어 분석합니다.

  ㉠ 비슷한 구매패턴을 가진 사람의 그룹 식별하기, 이미지를 인식하여 비슷한 이미지 찾기

③ 강화 학습

관찰-행동-보상의 과정으로 학습하는 알고리즘입니다. 변화하는 환경에서 행동을 취하고 더 많은 보상을 받는 방향으로 학습을 합니다.

㉠ 알파고는 수많은 바둑 게임을 진행하며 '승리'라는 보상을 받은 행동을 학습하고 패배한 전략은 승리한 전략으로 수정합니다.

엔트리- (예측:숫자 <지도 학습>

> 봄, 여름, 가을 평균 기온을 통해 연평균 기온을 예측해 봅시다.

01 | **'https://playentry.org'**에 접속합니다.

02 | 상단 메뉴의 **'만들기'**-**'작품 만들기'**를 누릅니다.

03 |  버튼을 클릭하여 오브젝트를 추가합니다.

27. 머신러닝 알고리즘의 종류: 지도, 비지도, 강화 학습

04 ㅣ 다양한 오브젝트 중에서 원하는 것을 선택하고 추가하기 버튼을 클릭합니다.

05 ㅣ '블록'-'데이터분석'-'테이블 불러오기'를 클릭합니다.

06 ㅣ '테이블 추가하기'를 클릭합니다.

07 | 엔트리에서 제공하는 다양한 데이터를 확인할 수 있습니다. **'테이블 선택'-** **'계절별 기온'-'추가하기'**를 클릭합니다.

08 | 계절별 기온 테이블이 추가된 것을 확인하고 적용하기 버튼을 클릭합니다.

27. 머신러닝 알고리즘의 종류: 지도, 비지도, 강화 학습

09 ｜ '블록'-'인공지능'-'인공지능 모델 학습하기'를 클릭합니다.

10 ｜ '새로 만들기'-'예측: 숫자'-'학습하기'를 클릭합니다.

11 ｜ 데이터 입력의 **'테이블을 선택해 주세요.'**를 클릭하여 **'계절별 기온'**을 선택합니다.

12 ｜ 어떤 변수에 따른 종속 변수를 예측하는 머신러닝을 만들어 봅니다. 봄, 여름, 가을의 평균기온에 따른 연평균 기온을 예측해 보기 위해 핵심 속성에 **'봄'**, **'여름'**, **'가을'**을 넣고 예측 속성에는 **'연평균'**을 넣습니다.

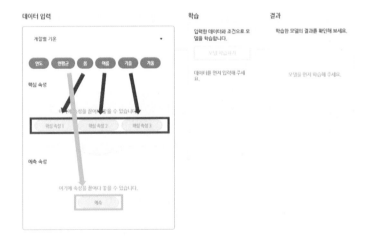

27. 머신러닝 알고리즘의 종류: 지도, 비지도, 강화 학습

13 | 속성 설정 후 모델 학습하기 버튼을 클릭합니다.

14 | 모델이 학습을 완료한 뒤 적용하기 버튼을 클릭합니다.

15 | '**속성**'-'**변수**'-'**변수 추가하기**'를 클릭합니다.

16 | 변수 이름에 '**봄 평균 기온**'을 적고 '**확인**' 버튼을 클릭합니다.

17 | 15, 16번과 같은 방법으로 **'여름 평균 기온'**, **'가을 평균 기온'** 변수를 추가해 줍니다.

18 | 17번 사진에서 엔트리봇을 선택한 것처럼 말풍선으로 말할 오브젝트를 선택한 뒤 **'블록'-'시작'**의 **'시작하기 버튼을 클릭했을 때'** 블록을 넣습니다.

19 | **'생김새'-'안녕!을(를) 4초 동안 말하기'** 블록을 추가한 뒤 적절한 대사로 바꾸어 줍니다.

⑩ 봄, 여름, 가을의 평균 기온을 통해 연평균 기온을 예측해 보자.

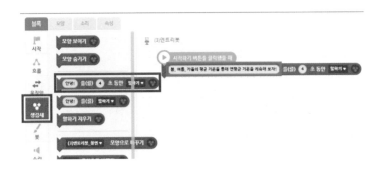

20 | **'자료'-'안녕!을(를) 묻고 대답 기다리기'** 블록을 넣고 적절한 대사로 바꾸어 줍니다.

⑩ 봄의 평균 기온은 섭씨 몇 도인가요?

27. 머신러닝 알고리즘의 종류: 지도, 비지도, 강화 학습

21 ┃ **'자료'-'~를 10(으)로 정하기'** 블록을 넣은 뒤 **'봄 평균 기온'**을 선택하고 **'자료'**
-'대답' 블록을 사진과 같이 넣어줍니다.

22 ┃ 20, 21번과 같이 여름 평균 기온, 가을 평균 기온에 대해 묻는 블록을 넣습니다.

23 | '생김새'-'안녕!을(를) 4초 동안 말하기' 블록을 넣습니다.

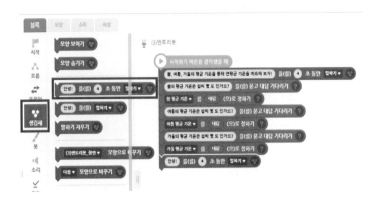

24 | 23번에서 넣은 블록의 대사 부분에 **'계산'-'안녕!과(와) 엔트리를 합치기'** 블록을 두 개 겹쳐 넣습니다.

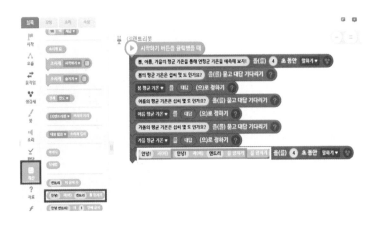

27. 머신러닝 알고리즘의 종류: 지도, 비지도, 강화 학습

25 ┃ 사진과 같이 **'인공지능'-'봄 10 여름 10 가을 10의 예측 값'** 블록을 넣어줍니다.

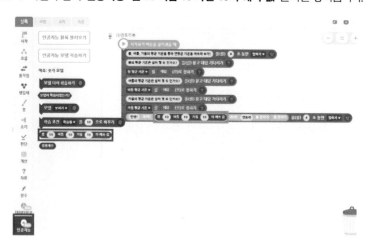

26 ┃ **'자료'-'가을 평균 기온 값'** 블록을 세 군데에 넣고 각각 **'봄 평균 기온 값'**, **'여름 평균 기온 값'**, **'가을 평균 기온 값'**으로 변경해 줍니다.

27 ┃ 엔트리봇이 연평균 기온을 말해 줄 수 있도록 대사 부분을 적절히 수정해 줍니다.

28 | **시작하기** 버튼을 클릭하여 연평균 기온을 추측해주는 AI를 확인해 봅니다.

29 | 질문에 알맞은 대답을 입력한 뒤 키보드의 엔터키를 누르거나 화면의 ✓ 버튼을 클릭합니다.

30 | 입력한 봄, 여름, 가을 평균 기온의 값에 따라 연평균 기온을 추측해서 엔트리봇이 이야기해 줍니다.

27. 머신러닝 알고리즘의 종류: 지도, 비지도, 강화 학습

수목원에서 만난 이 붓꽃은 어떤 품종의 붓꽃일까요?
품종별 붓꽃의 특징이 학습된 AI를 활용해 어떤 품종인지 알아봅시다.

01 | 'https://playentry.org'에 접속합니다.

02 | 상단 메뉴의 '**만들기**'-'**작품 만들기**'를 누릅니다.

03 |  `+ 오브젝트 추가하기` 버튼을 클릭하여 오브젝트를 추가합니다.

04 | 다양한 오브젝트 중에서 원하는 것을 선택하고 `추가하기` 버튼을 클릭합니다.

05 | '블록'-'데이터분석'-'테이블 불러오기'를 클릭합니다.

27. 머신러닝 알고리즘의 종류: 지도, 비지도, 강화 학습

06 I **'테이블 추가하기'**를 클릭합니다.

07 I 엔트리에서 제공하는 다양한 데이터를 확인할 수 있습니다. **'테이블 선택'-'붓꽃 예시 데이터'-'추가하기'**를 클릭합니다.

08 I 붓꽃 예시 데이터 테이블이 추가된 것을 확인하고 [적용하기] 버튼을 클릭합니다. setosa, versicolor, virginica 세 종류의 품종의 데이터가 있음을 확인할 수 있습니다.

09 | '블록'-'인공지능'-'인공지능 모델 학습하기'를 클릭합니다.

10 | '새로 만들기'-'분류: 숫자'-'학습하기'를 클릭합니다.

27. 머신러닝 알고리즘의 종류: 지도, 비지도, 강화 학습

11 ┃ 데이터 입력의 **'테이블을 선택해 주세요.'**를 클릭하여 '붓꽃 예시 데이터'를
선택합니다.

12 ┃ 데이터의 핵심 속성을 설정하고 클래스를 설정한 뒤 학습하면 속성과 관련
한 데이터를 입력했을 때 어느 클래스에 속하는지 분류해주는 AI를 만들 수
있습니다. 붓꽃은 꽃받침과 꽃잎의 길이에 따라 품종이 구분되므로 핵심 속
성에는 **'꽃받침 길이'**, **'꽃잎 길이'**를 넣고 클래스 속성은 **'품종'**을 선택합니다.

13 | 속성을 설정하고 이웃 개수를 정합니다. 이웃 개수는 입력된 데이터와 가까이 있는 데이터를 몇 개 참고할지를 의미합니다. 1~100개 중 참고하기 원하는 데이터의 개수를 입력한 뒤 모델 학습하기 버튼을 클릭합니다.

14 | 모델이 학습을 완료한 뒤 학습한 모델의 결과를 확인해볼 수 있습니다. 수치를 입력한 뒤 '**입력하기**' 버튼을 클릭하면 어떤 품종으로 분류되었는지 확인할 수 있습니다. 인공지능 모델을 활용하기 위해 적용하기 버튼을 클릭합니다.

27. 머신러닝 알고리즘의 종류: 지도, 비지도, 강화 학습

15 | '**속성**'-'**변수**'-'**변수 추가하기**'를 클릭합니다.

16 | 변수 이름에 '**꽃받침 길이**'를 적고 '**확인**' 버튼을 클릭합니다.

17 | 15, 16번과 같은 방법으로 '꽃잎 길이' 변수를 추가해줍니다.

18 | 17번 사진에서 엔트리봇을 선택한 것처럼 말풍선으로 말할 오브젝트를 선택한 뒤 **'블록'-'시작'**의 **'시작하기 버튼을 클릭했을 때'** 블록을 넣습니다.

　　　　　27. 머신러닝 알고리즘의 종류: 지도, 비지도, 강화 학습

19 | '생김새'-'안녕!을(를) 4초 동안 말하기' 블록을 추가한 뒤 사진과 같이 적절한 대사로 바꾸어 줍니다.

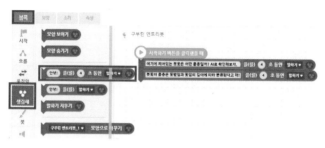

20 | 꽃받침의 길이를 묻기 위해 '자료'-'안녕!을(를) 묻고 대답 기다리기' 블록을 넣고 대사를 적절히 수정합니다.

21 | '자료'-'~를 10(으)로 정하기' 블록을 넣은 뒤 '꽃받침의 길이'를 선택하고 '자료'-'대답' 블록을 사진과 같이 넣어줍니다.

22 ┃ 20, 21번과 같이 꽃잎의 길이에 대해 묻는 블록을 넣습니다.

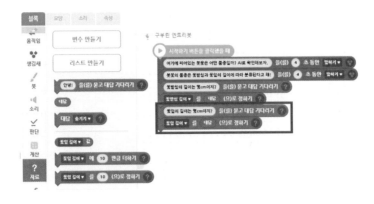

23 ┃ 학습한 붓꽃 데이터에는 세 종류의 품종이 있기 때문에 세 가지 경우의 수를 만들어 줍니다. **'흐름'-'만일 참(이)라면/아니면'** 블록 2개를 겹쳐 넣어줍니다.

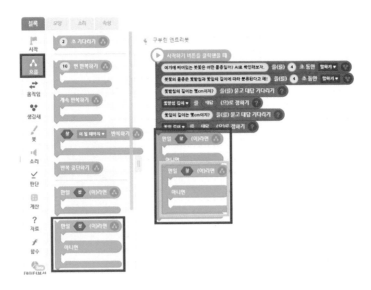

24 | '판단'-'10=10' 블록을 '만일 ~ 이라면'에 넣고 'setosa'로 바꾸어 줍니다.

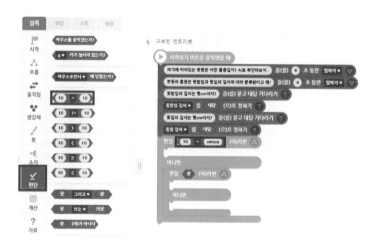

25 | '인공지능'-'꽃받침 길이 10 꽃잎 길이 10의 분류 결과' 블록을 판단 블록 안에 넣습니다.

26 | '**자료**'-'**꽃잎 길이 값**' 블록을 사진과 같이 넣어 '**꽃받침 길이 값**', '**꽃잎 길이 값**'으로 바꾸어 줍니다.

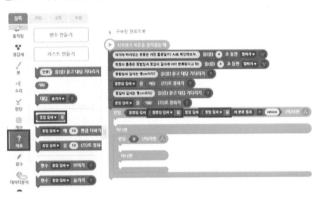

27 | 결괏값이 setosa일 때 결과를 말해줄 대답을 입력하기 위해 '**생김새**'-'**안녕! 을(를) 4초 동안 말하기**' 블록을 넣어줍니다.

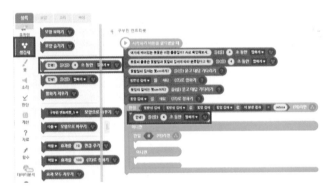

28 | 대답에 결괏값과 관련된 여러 블록을 넣기 위해 '**계산**'-'**안녕!과(와) 엔트리를 합치기**' 블록을 두 개 겹쳐 넣어줍니다.

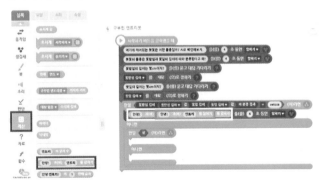

27. 머신러닝 알고리즘의 종류: 지도, 비지도, 강화 학습

29 | '인공지능'-'꽃받침 길이 10 꽃잎 길이 10의 setosa에 대한 신뢰도' 블록을
대답 안에 넣고 사진과 같이 **'자료'-'꽃받침 길이 값'**, **'꽃잎 길이 값'**으로 바꾸
어줍니다.

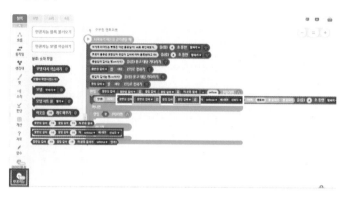

30 | 사진과 같이 적절한 대답으로 대사를 수정해 줍니다.

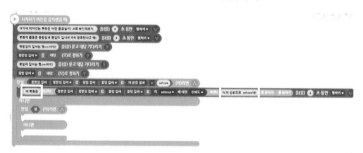

31 | **마우스 우클릭-코드 복사&붙여넣기** 기능을 활용하여 24번~30번 설명과 같
이 나머지 두 품종에 대한 대답도 적절히 완성해줍니다.

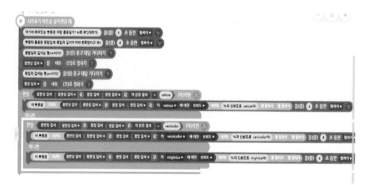

32 ㅣ 시작하기 버튼을 클릭하여 붓꽃의 품종을 알려주는 AI를 확인해 봅니다.

33 ㅣ 질문에 알맞은 대답을 입력한 뒤 키보드의 엔터키를 누르거나 화면의  버튼을 클릭합니다.

27. 머신러닝 알고리즘의 종류: 지도, 비지도, 강화 학습

34 ┃ 입력한 꽃받침 길이와 꽃잎 길이의 값에 따라 붓꽃의 품종을 엔트리봇이 이 야기해 줍니다.

엔트리- 군집:숫자
<비지도 학습>

> 전국의 초등학교를 네 군집으로 나누어 초등 스포츠 대회를 개최하려고 합니다.
> 우리 학교는 어느 군집의 대회에 참가해야 할까요?

01 | '**https://playentry.org**'에 접속합니다.

02 | 상단 메뉴의 '**만들기**'-'**작품 만들기**'를 누릅니다.

03 | + 오브젝트 추가하기   버튼을 클릭하여 오브젝트를 추가합니다.

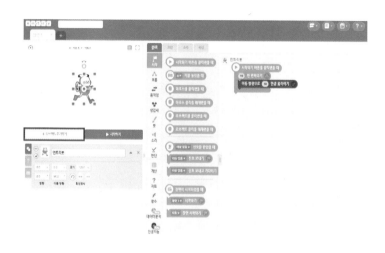

04 | 다양한 오브젝트 중에서 원하는 것을 선택하고   추가하기   버튼을 클릭
합니다.

05 ┃ '블록'-'데이터분석'-'테이블 불러오기'를 클릭합니다.

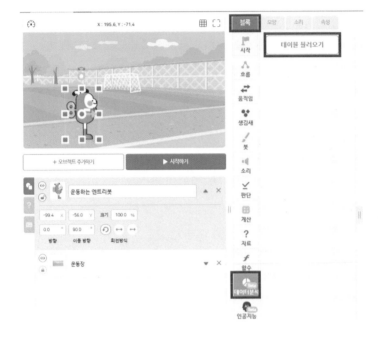

06 ┃ '테이블 추가하기'를 클릭합니다.

✕   테이블 불러오기

먼저 테이블을 추가해 주세요.

07 | 엔트리에서 제공하는 다양한 데이터를 확인할 수 있습니다. **'테이블 선택'-** **'전국 초등학교 위치'-'추가하기'**를 클릭합니다.

08 | 전국 초등학교 위치 테이블이 추가된 것을 확인하고 ＿＿＿ 버튼을 클릭 합니다.

09 | '블록'-'인공지능'-'인공지능 모델 학습하기'를 클릭합니다.

10 | '새로 만들기'-'군집: 숫자'-'학습하기'를 클릭합니다.

11 | 데이터 입력의 **'테이블을 선택해 주세요.'**를 클릭하여 **'전국 초등학교 위치'**를
선택합니다.

27. 머신러닝 알고리즘의 종류: 지도, 비지도, 강화 학습

12 ㅣ AI가 기준을 갖고 데이터의 특징을 파악해 설정한 개수의 군집으로 묶는 머신러닝을 만들어 봅니다. 핵심 속성에 **'경도'**, **'위도'**를 넣고 군집의 개수를 4개로 설정합니다.

13 ㅣ 속성을 설정한 뒤 [모델 학습하기] 버튼을 클릭합니다.

14 ㅣ 모델이 학습을 완료한 뒤 [적용하기] 버튼을 클릭합니다.

15 | **'속성'**-**'변수'**-**'변수 추가하기'**를 클릭합니다.

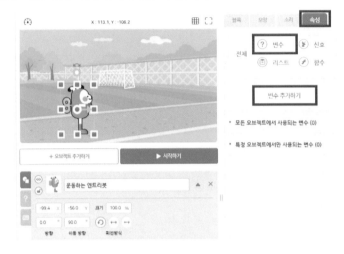

16 | 변수 이름에 **'경도'**를 적고 **'확인'** 버튼을 클릭합니다.

27. 머신러닝 알고리즘의 종류: 지도, 비지도, 강화 학습

17 | 15, 16번과 같은 방법으로 '**위도**' 변수를 추가해줍니다.

18 | 17번 사진에서 엔트리봇을 선택한 것처럼 말풍선으로 말할 오브젝트를 선택한 뒤 '**블록**'-'**시작**'의 '**시작하기 버튼을 클릭했을 때**' 블록을 넣습니다.

19 | '**생김새**'-'**안녕!을(를) 4초 동안 말하기**' 블록을 추가한 뒤 사진과 같이 적절한 대사로 바꾸어 줍니다.

20 | 인공지능으로 학습된 군집 모델을 확인할 수 있도록 **'인공지능'-'모델 차트 창 열기'** 블록을 넣어 줍니다.

21 | 적절한 시간 동안 모델 차트 창을 볼 수 있도록 **'흐름'-'2초 기다리기'** 블록을 넣고 시간을 조정합니다.

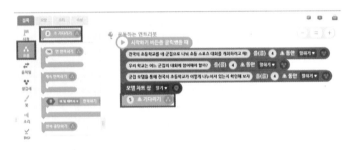

22 | 모델 차트 창을 닫기 위해 **'인공지능'-'모델 차트 창 열기'** 블록을 넣고 **'닫기'** 로 변경해 줍니다.

27. 머신러닝 알고리즘의 종류: 지도, 비지도, 강화 학습

23 | 경도를 묻기 위해 **'자료'-'안녕!을(를) 묻고 대답 기다리기'** 블록을 넣고 대사를 적절히 수정합니다.

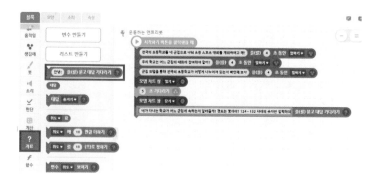

24 | **'자료'-'~를 10(으)로 정하기'** 블록을 넣은 뒤 **'경도'**를 선택하고 **'자료'-'대답'** 블록을 사진과 같이 넣어줍니다.

25 | 23, 24번과 같이 위도에 대해 묻는 블록을 넣습니다.

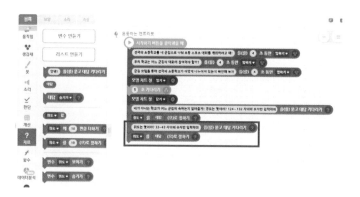

26 | 입력한 위치의 학교가 속한 군집을 알려주기 위해 대사를 추가합니다. **'생김 새'-'안녕!을(를) 4초 동안 말하기' 블록을 넣습니다.**

27 | 26번에서 넣은 블록의 대사 부분에 **'계산'-'안녕!과(와) 엔트리를 합치기'** 블록을 두 개 겹쳐 넣습니다.

28 | 사진과 같이 **'인공지능'-'경도 10 위도 10의 군집'** 블록을 넣어줍니다.

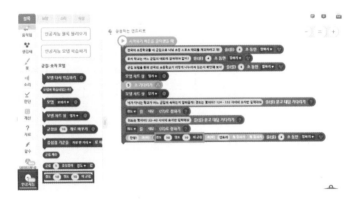

27. 머신러닝 알고리즘의 종류: 지도, 비지도, 강화 학습

29 ┃ '자료'-'위도 값' 블록을 두 군데에 넣고 각각 '**경도 값**', '**위도 값**'으로 변경해
줍니다.

30 ┃ 엔트리봇이 군집을 말해 줄 수 있도록 대사 부분을 적절히 수정해 줍니다.

31 | 시작하기 버튼을 클릭하여 내가 입력한 초등학교가 속한 군집을 알려주는
　　　AI를 확인해 봅니다.

32 | AI가 전국 초등학교의 위치 데이터를 활용하여 스스로 학습하고 네 군집으
　　　로 나눈 것을 확인할 수 있습니다.

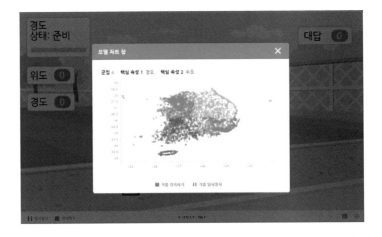

27. 머신러닝 알고리즘의 종류: 지도, 비지도, 강화 학습

33 | 질문에 알맞은 대답을 입력한 뒤 키보드의 엔터키를 누르거나 화면의  버튼을 클릭합니다.

34 | 입력한 경도와 위도의 값에 따라 속한 군집의 값을 엔트리봇이 이야기해 줍니다.

머신러닝 데이터 수집하기

: 퀵드로우

    미술 수업은 학생들이나 선생님들이나 모두 만족도가 높은 시간이다. 특히 5학년 김다희 선생님 반에서는 미술 수업에 대한 기대감이 늘 크다. 교육대학교에서 미술교육과를 나온 김다희 선생님은 다양한 재료와 방법으로 미술 수업을 늘 재구성해 수업해왔다. 5, 6학년이 같은 학년 군으로 묶여있는 덕분에 이 교사도 5학년 미술 수업의 아이디어나 재료, 준비물들에 도움을 받는 경우가 많았다.

이 교사   선생님~ 이번 주 미술 수업은 혹시 어떻게 하실 생각이세요?

김 교사   이번 주는 크로키를 한번 해 볼까 해요. 준비물도 많이 필요 없고 재미있게 할 수 있을 것 같아요.

이 교사   크로키요? 짧은 시간에 대상의 특징들을 나타내는 그림 말이죠?

김 교사   맞아요! 차분히 집중해서 그리는 활동도 장점이 있지만, 크로키를 그리는 활동도 교육적으로 장점이 많더라고요.

이 교사 오~ 그런가요? 저는 크로키처럼 빠르게 그리면 장난스럽게만 시간이 지나갈 것 같은데…. 혹시 어떤 장점들이 있을까요?

김 교사 크로키의 가장 좋은 장점은 대상의 특징을 단시간에 파악할 수 있는 능력이 신장 되는 거죠. 예를 들어 주전자의 특징은 색깔이나 재료보다는 모양이잖아요? 즉 황동색인지 은색인지 등이 중요한 게 아니라 '주전자는 주둥이가 있다.'라는 게 가장 큰 특징이죠. 크로키 연습을 하다 보면 물체의 특징적인 형태를 잡아내는데 유용하더라고요.

이 교사 듣고 보니 그렇네요. 선생님, 보고 계신 사이트가 뭐죠? 저도 다음 미술 시간은 크로키를 한번 해봐야겠는데요?

김다희 선생님과 수업에 대해 협의를 하며 이 교사는 '퀵드로우' 사이트를 동기 유발 및 수업 활동에 이용하기로 하였다. 퀵드로우 사이트에서 놀이하며 크로키에 대한 두려움을 줄여나가는 것이다. 학생들은 그림을 한두 시간 정도는 정성 들여 그려야 완성이 된다고 생각한다. 그런 선입견을 덜기 위해 그림을 빨리 그려야만 하는 퀵드로우 사이트를 활용하기로 하였다. 특히 이 사이트에서 사용자가 그린 그림의 답을 맞히는 주체가 AI라는 점을 강조하며 컴퓨터가 인식할 수 있도록 일반화된 형태로 표현하도록 안내하였다.

첫 번째 놀이는 짝 활동으로 크로키를 그리는 것이었다. 짝 대결보다는 협동심을 기르기 위해 가장 기록이 좋은 팀을 선정하는 것으로 하였다.

- 준비물: 짝별 태블릿 한 대
- 놀이 방법
① 짝끼리 서로 번갈아 가며 퀵드로우에 제시된 그림을 그리며 연습한다.
② 연습을 마친 짝꿍은 도전을 외친 후 6개의 그림을 그리고, 가장 빠르게
   통과한 팀이 승리한다.

짝 활동으로 충분히 연습이 되었으면 모둠별로 게임을 진행할 수도 있다. 방법은 다양하게 할 수 있지만, 아래와 같이 간단하게 진행할 수도 있다.

- 준비물: 모둠별 태블릿 한 대
- 놀이 방법
① 모둠별로 퀵드로우 사이트에 접속한다.
② 시작 신호와 동시에 각 모둠의 첫 모둠원이 제시된 그림을 그린다.
③ 첫 그림이 통과되면 두 번째 모둠원이 패드를 넘겨받아 이어서 그린다.
④ 같은 방식으로 6개의 그림을 가장 빠르게 그린 모둠이 승리한다.

어느 모둠 활동이나 마찬가지이지만 혹여 조금 늦는 학생들을 비난하거나 질책하는 일이 일어나지 않도록 해야 한다. 활동 1에서 놀이처럼 활동을 끝내게 되면 학생들은 크로키를 그리는 것에 대해 부담감이 덜하게 될 것이다. 그림을 '똑같이' 그려야 한다는 생각에서 벗어나 그림의 특징을 살펴보고 그릴 수 있게 되는 것이다.

활동 2에서는 실제 종이에 그림을 그리는 활동을 하였다. 반에서 한 명이 대표로 동작을 취하면 그것들을 반 친구들이 짧은 시

간에 동작을 그리는 것이다. 6학년이라도 크로키에 적합한 동작을 바로 취하기는 어려워한다. 그래서 사전에 역동적인 동작을 선정하여 사진이나 그림으로 제시해 주었다. 예를 들어 동작을 취하는 학생은 임의로 카드를 뽑아 제시된 동작을 취한다. 축구 선수가 슛하는 장면, 반갑게 손을 흔들며 인사하는 장면 등 최대한 동작이 크면 클수록 그리기에 좋았다.

시끌벅적한 미술 수업이 끝난 후 자리를 정리 정돈을 하는 시간이 되었다.

이 교사	얘들아~ 얼른 정리하고 급식 먹으러 가자~ 바닥 쓰는 것은 1, 2모둠에서 하고, 3모둠은 책상 정리, 4모둠은 선생님이랑 태블릿 정리합시다.
학생들	네~
학생 1	(모둠별로 태블릿을 정리하며) 선생님, 궁금한 게 있는데요. 제가 그린 그림을 AI가 어떻게 그렇게 맞출 수 있었던 거죠?
학생 2	그러니까요. 정말 신기했어요. AI 컴퓨터가 친구들보다 더 잘 맞추는 것 같았어요. 어떻게 AI가 우리 그림을 그렇게 잘 알아볼 수 있는 거죠? 저는 그림도 진짜 못 그리는데요.
이 교사	퀵드로우 프로그램 안에는 많은 예시 그림들이 있단다. 너희들도 사용해봐서 알겠지만 6개 그림을 다 그리고 나면 다른 사람들이 그린 그림들이 나오지? 그 그림들과 비교해보면 비슷하지 않았니?
학생 3	맞아요. 비슷한 그림이 많았어요. 그럼 AI 프로그램도 다른 데이

터들을 바탕으로 우리 그림도 판단한 건가요?

이 교사 그렇지! 퀵드로우에는 이미 많은 예시 데이터가 저장되어 있어. 오늘 우리 반에서 올린 데이터들도 앞으로 그림을 판단하는 데 도움이 되겠지?

학생 4 정말 컴퓨터는 빠른 것 같아요. 우리가 그린 그림을 순식간에 다른 사람들이 그린 그림하고 비교한다는 말이잖아요?

학생 1 어떤 그림인지 판단도 하고 말이야! 놀이 말고 생활 속에서도 컴퓨터가 데이터를 저장하고 비교해주면 생활이 편리해질 것 같아요.

이 교사 조금씩 인공지능을 활용한 생활 방식들이 변해가고 있잖아? 예를 들어 요즘 나오는 자동차들은 센서나 카메라를 이용해서 사물을 구분하는 빅데이터 기술을 이용하고 있어. 지금보다 더 많은 자료가 저장된다면 더 정확하게 될 수 있겠지? 자, 이제 태블릿은 다 정리된 것 같으니 얼른 밥 먹으러 가자!

QUICK. DRAW

01 | 'https://quickdraw.withgoogle.com'에 접속합니다. 시작하기 버튼을 누릅니다.

머신 러닝 기술이 학습을 통해 낙서를 인식할 수 있을까요?

여러분의 그림으로 머신 러닝의 학습을 도와주세요. Google은 머신 러닝 연구를 위해 세계 최대의 낙서 데이터 세트를 오픈소스로 공유합니다

시작하기

02 | 제시어가 나오면 알겠어요! 버튼을 눌러 진행합니다.

03 | 20초 안에 그림을 그리면 AI가 기존에 학습한 데이터를 바탕으로 비슷한 사물의 이름을 말합니다.

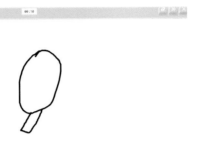

04 | AI가 제시어를 맞히면 다음 문제로 넘어갑니다.

이제 알겠어요. 드럼 맞죠?

05 | 6문제를 모두 진행하고 난 뒤에는 AI가 내 그림을 어떻게 맞힐 수 있었는지 각각 그림을 눌러 데이터를 확인할 수 있습니다.

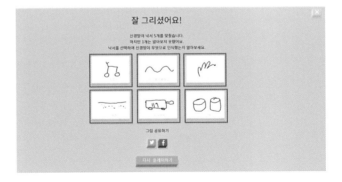

06 ㅣ 그림을 보고 AI는 어떻게 판단했는지 구체적으로 확인합니다.

07 ㅣ 해당 항목과 관련하여 AI가 학습한 데이터를 확인할 수 있습니다.

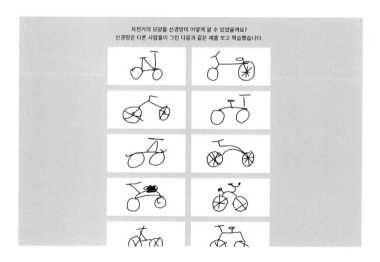

모둠놀이: 크로키

퀵드로우 데이터 수집하기	( )학년 ( )반 ( )번
	이름 :

◇ 퀵드로우가 사용자들의 그림이 무엇인지 맞힐 수 있는 이유는 무엇일까요?

( )

① 사용자들이 그림을 완벽하게 그려서
② 어떤 그림을 그리든 상관없이 정해진 정답을 말하기 때문에
③ 실시간으로 사용자의 그림을 확인하는 사람들이 정답을 입력해서
④ 입력되어있는 여러 데이터와 사용자의 그림을 비교·분석하기 때문에
⑤ 그림을 그리는 사용자의 생각을 텔레파시로 맞추기 때문에

◇ 퀵드로우가 대상에 대한 데이터를 수집하기 위해 다양한 모습의 토끼
그림을 그려봅시다.

◆ 5초 안에 빠르고 단순한 그림으로 토끼를 그려야 합니다.
◆ 친구들의 그림을 모아 최대한 많은 데이터를 수집해 봅시다.

엔트리 인공지능 블록 활용하기

: 번역, 읽어주기

"똑똑."

학생들이 귀가한 오후 시간 연구부장 선생님께서 6학년 교실로 올라오셨다.

연구부장 뭐하고 계세요?

이 교사 이제 슬슬 2학기도 마무리 되어가고 있어서 AI 교육 선도학교 보고서 좀 쓰려고요.

연구부장 아~ 선생님께서도 이제 업무 마무리하고 계시군요.

이 교사의 말처럼 11월 즈음 학교는 1년 동안의 다양한 행사 마무리를 준비한다. 이 교사가 담당하는 AI 교육 선도학교 업무도 그렇고 연구부장 선생님이 맡은 외국어 교육, 자매결연학교 사업도 그중 하나다. 자매결연사업은 작년에 처음 생기게 된 업무로 라오스에 파견 교사로 근무했던 연구부장 선생님께서 제안하신 사업이다. 아직 자매결연학교에 직접 방문하거나 외국 학생들이 직접 찾아온 적은 없지만 다양한 교류 활동을 해오고 있다. 고학년 학생들이 주가 되어 이메일을 주고받거나 화상채팅으로 간간이 교류하고 있다. 그런데 이때 가장 큰 문제점이 있는데 바로 의사소통이다. 이메일을 보내는 경우에는 시간이 걸리더라도 구글 번역기나 파파고 번역기를 이용해서 이메일을 작성하지만, 그보다 큰 문제는 화상 채팅을 할 때다. 실시간 대화인 만큼 말을 할 때마다 번역기를 돌려가며 의사소통을 한다는 것이 자연스럽지 않았다. 그래도 6학년쯤 되니 영어를 말하는데 두려움이 덜한 학생들이 친구들을 도와주며 교류 활동을 이어나가고 있었다.

연구부장 선생님께서 관심을 주신 덕분에 자매결연학교 사업이 작년보다 더 다양하게 이루어진 것 같아요.

이 교사 선생님께서 워낙 계획을 알차게 준비해주신 덕분이죠.

연구부장 그런데 보고서를 작성하다 보니 저학년 학생들이 교류 기회가 좀 적었던 것 같더라고요. 그래서 혹시 고학년생들이랑 저학년생들이랑 같이 라오스학교에 편지쓰기 활동을 해보면 어떨까 해서요.

이 교사 1, 2학년 학생들은 아무래도 한글로 편지쓰기도 힘들어하니 단독으로는 무리가 있었겠네요. 저도 AI 활동 내용 중 선후배들이 같이하는 활동이 있으면 좋겠다고 생각은 했어요. 작은 학교의 장점이 학생 수가 적어 선후배들이 거리낌 없이 친하다는 건데 그 장점을 살려보지는 않은 것 같아요.

연구부장 그럼 AI랑 자매결연학교 사업내용이랑 협업해서 진행해보면 어떨까요? 저도 이번에 AI 연수를 들었는데 엔트리에 번역하는 프로그램이 들어왔더라고요. 5, 6학년 학생들과 3, 4학년 학생들

이 엔트리로 번역 프로그래밍을 하고, 그 번역기로 1, 2학년 학
생들과 함께 편지쓰기를 하는 거죠.

이 교사 역시 선배님! 한 번에 AI와 외국어 교육까지 함께하시다니 대단
하십니다! 프로그래밍하고 편지쓰기까지 하려면 하루 정도 날
을 잡아야겠는데요?

연구부장 그렇겠죠? 나이스 시간을 조정해서 한번 프로젝트 학습으로 진
행해보죠!

이 교사 네! 저도 저희 반 아이들과 함께 번역기 프로그램 만드는 내용
으로 수업해봐야겠어요. 웬만한 엔트리 기능들은 거의 다 사용
해봐서 아이들이 지루해하던 참이었거든요. 잘 만들면 화상 채
팅에 활용할 수도 있을 것 같고요.

연구부장 다시 한번 고마워요. 그럼 이 내용은 전문적 학습 공동체 시간
에 선생님들과 더 자세히 이야기 나누어봐요.

 읽을거리

◎ 번역기란?

번역기는 한 나라의 언어를 다른 나라의 언어로 번역하는 기계입
니다. 컴퓨터는 숫자, 문자, 기호 등을 부호화해서 기억하고 이 데이
터를 활용해서 언어를 번역할 수 있습니다.

AI 번역기가 언어 데이터를 활용하여 사람이 사용하는 언어를 이
해하는 기술을 자연어 처리 과정(Natural Language Processing)
이라고 합니다. 자연어 처리 과정은 '지도 학습'을 활용합니다. AI 번
역기는 많은 말뭉치(corpus) 데이터를 갖고 있을수록 정확하게 번
역할 수 있습니다. 말뭉치는 컴퓨터가 읽을 수 있는 형태의 언어자
료로 문어나 구어로 된 많은 언어 표본을 모아놓은 데이터를 의미
합니다. AI 번역기는 자연스러운 번역을 위해 말뭉치에서 패턴을
학습합니다. 말뭉치를 활용하기 위해서는 데이터를 수집하고 재가
공(labeling)하는 과정이 필요합니다. 우리나라는 국립국어원에서
150어절 규모의 말뭉치를 구축하는 사업을 진행하고 있고 미국의
경우 300어절 이상을 구축하고 있습니다.

엔트리- 번역 프로그램 만들기

01 | 'https://playentry.or'에 접속합니다.

02 | 상단 메뉴의 '만들기'-'작품 만들기'를 누릅니다.

03 | `+ 오브젝트 추가하기` 버튼을 클릭하여 오브젝트를 추가합니다.

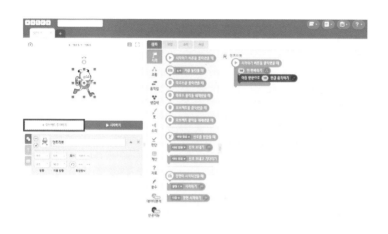

04 | 다양한 오브젝트 중에서 원하는 것을 선택하고 `추가하기` 버튼을 클릭합니다.

05 | 여러 오브젝트 중 **말풍선을 사용할 오브젝트**를 선택한 뒤 **'속성'**을 클릭합니다.

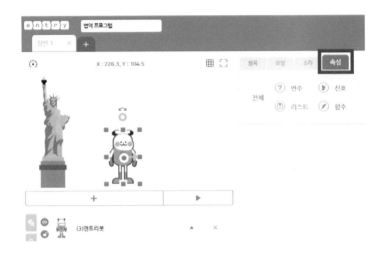

06 | **'리스트'-'리스트 추가하기'**를 클릭한 뒤 이름을 적고 **'확인'** 버튼을 클릭합니다.

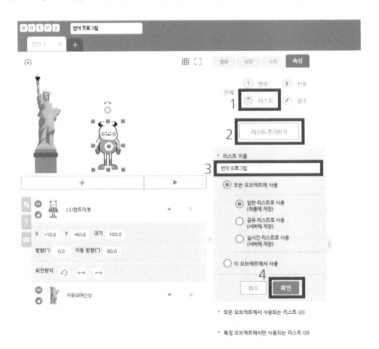

07 | **'블록'-'시작'**의 **'시작하기 버튼을 클릭했을 때'** 블록을 넣습니다.

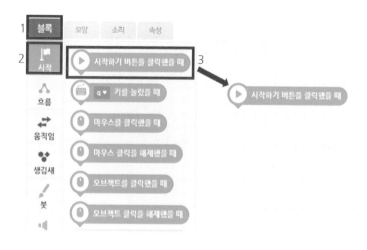

08 | **'흐름'-'계속 반복하기'** 블록을 넣습니다.

09 ▎ '**자료**'-'**안녕! 을(를) 묻고 대답 기다리기**' 블록을 '**계속 반복하기**' 안에 넣고 적절한 문장을 입력합니다.

　　　 예 '번역할 문장을 입력하세요.'

10 ▎ '**인공지능**'-'**인공지능 블록 불러오기**'를 클릭합니다.

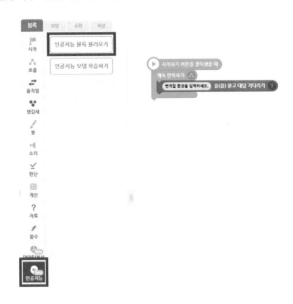

11 | '**번역**'과 '**읽어주기**'를 클릭한 뒤 '**추가**' 버튼을 클릭합니다.

12 | '**번역**', '**읽어주기**'와 관련된 블록이 나타났습니다. '**~ 읽어주고 기다리기**' 블록을 '**~을(를) 묻고 대답 기다리기**' 블록 아래에 넣습니다.

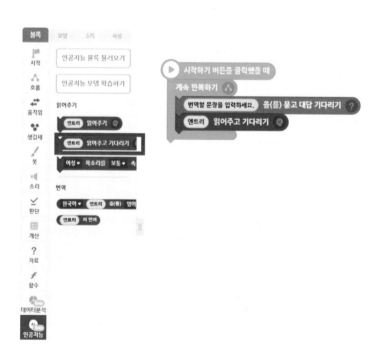

13 | **'한국어 ~을(를) 영어로 번역하기'** 블록을 **'~읽어주고 기다리기'** 블록 안으로 넣습니다.

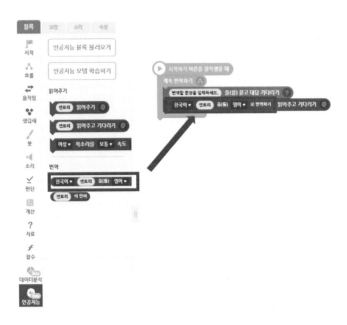

14 | **'자료'-'대답'** 블록을 **'한국어 ~을(를) 영어로 번역하기'** 블록 안에 넣습니다.

29. 엔트리 인공지능 블록 활용하기: 번역, 읽어주기

15 | '자료'-'~ 항목을 번역 프로그램에 추가하기' 블록을 넣어줍니다.

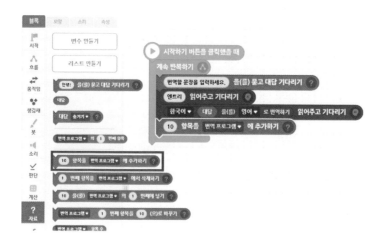

16 | '한국어 대답을(를) 영어로 번역하기' 블록을 '코드 복사 및 붙여넣기' 하여 '10 항목을 번역 프로그램에 추가하기'에 넣습니다.

17 한국어로 입력한 내용은 나오지 않고 영어로 번역한 내용만 화면에 나타나기 위해 **'자료'-'대답 숨기기'** 블록을 **'시작하기 버튼을 클릭했을 때'** 아래에 넣습니다.

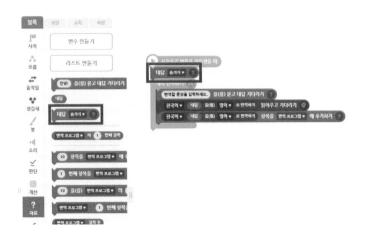

18 번역 프로그램 만들기가 끝났습니다. **재생** 버튼을 눌러 번역 프로그램을 실행시키고 내용을 입력해봅니다.

펜팔 친구에게 편지 쓰기	( )학년 ( )반 ( )번
	이름 :

◇ 영어를 사용하는 나라의 동갑의 친구에게 펜팔을 쓰려고 합니다. 한 국말로 먼저 적은 후 내가 만든 엔트리 번역 프로그램(파파고)를 이용 해 번역해봅시다.

한국말 편지

영어 편지

약인공지능과 강인공지능

: 튜링 테스트

"이번 주에 특별한 일정 있어요?"

저녁을 먹으며 아내가 이 교사에게 물어보았다. 보통 저녁은 집에서 같이 먹지만 그렇지 않을 경우를 대비해서 일정을 서로 알아보았다.

이 교사	이번 수요일에는 학교 선생님들과 식사를 하기로 했어요.
아내	오~ 오랜만에 선생님들과 식사하겠네요? 당신네 학교는 왠지 2학기 들어서 거의 회식은 안 한 것 같은데요?
이 교사	맞아요. 교장, 교감 선생님도 그렇게 회식을 즐기지 않으시고 대부분 일과 중에 모임이나 회의를 끝내니까 모임 자리가 잘 없었어요. 이번에도 회식이라기보다 그냥 시간 되는 선생님들끼리 퇴근하고 간단하게 저녁 식사하는 거예요.

아내	맛있게 먹고 와요. 나도 그럼 오랜만에 동 학년 선생님들이랑 밥이나 먹자고 해야겠네.
이 교사	나 포함해서 4명? 5명 정도 될 것 같은데 뭘 먹을지 고민이네요. 시골이다 보니 마땅한 식당이 잘 안 보이더라고요.
아내	어디 보자. 요즘에 SNS에도 지역별 맛집이라고 식당들 많이 추천하잖아요. 거기에서 찾아가 보면 될 것 같은데요? 여기 어때요? 초밥집? 일식집인데 청년들이 귀촌해서 식당을 열었나 봐요. 음식 사진들 보니까 웬만한 맛집보다 낫겠던데요?
이 교사	학교 가면 선생님들에게 여긴 어떠냐고 한번 물어보고 예약해야겠어요. 그럼 이제 밥 먹은 거 정리할까요? 내가 애벌 설거지해서 식기세척기에 넣을 테니까 당신이 여기 정리 좀 해줘요.
아내	확실히 우리가 식기세척기는 잘 산 것 같아요. 설거지에 대한 스트레스가 확 줄지 않았어요?
이 교사	그럼요. 이전 식기세척기는 음식물도 잘 안 씻기는 것 같고 전기세나 수도세가 낭비되지 않을까 걱정했는데, 이 식기세척기는 알아서 맞춤으로 설거지도 해주고, 앱으로 세부조정도 가능해서 너무 만족해요. 우리 정리하면서 조용한 음악도 좀 들을까요?
아내	좋죠~ 오케이 구글! 저녁에 어울리는 재즈 음악 재생해줘.

AI 스피커에서 대답했다. "네, 알겠습니다. 플레이리스트에서 저녁에 어울리는 재즈 음악을 재생합니다."

| 이 교사 | AI 스피커 음성 인식률이 뭔가 좋아진 것 같지 않아요? 요즘 가전제품마다 AI가 기본적으로 장착되어 있잖아요. |

아내	확실히 오류가 많이 줄어들었어요. 그래도 아직 영화나 TV에 나오는 것만큼 인간하고 자연스럽게 대화하기는 힘들어서 많이 이용하지는 않지만요.
이 교사	그래도 언젠가는 진짜 TV에 나오는 사람처럼 생긴 AI 로봇이 출시되지 않을까요? 그때는 이렇게 애벌 설거지도 안 해도 되겠지? 그런 제품이 나오면 우리 꼭 사요.
아내	나는 사람이랑 그렇게 닮은 AI는 무섭던데. 영국 드라마 중에 〈Humans〉라고 알아요? 똑같은 AI 로봇이 집안일도 하고 인간의 노동력을 대체하는 미래를 그렸는데 좀 소름 끼치더라고요.
이 교사	난 그런 AI 로봇이 생기면 정말 유용할 것 같은데요?
아내	불쾌한 골짜기라고 있잖아요. 어느 정도 인간과 유사하면 호감을 느끼지만, 일정 수준을 넘어서 닮은 존재가 있으면 불쾌감을 느낀다는 그런 느낌 같아요.
이 교사	그렇게 말하니 좀 소름 끼칠 수 있겠네요. 그래도 집안일 해주는 로봇은 생기면 좋겠어요.
아내	설거지하느라 고생했어요. 소화 시킬 겸 산책하러 나갈까요?
이 교사	안 그래도 나도 산책하러 가자고 하려고 했는데. 날이 쌀쌀 해졌으니 따뜻하게 입고 나가자고요.

다행히 선생님들은 아내가 추천해준 식당에 대해 아주 긍정적인 반응을 보였다. 저녁을 예약하고 식당에 들어서니 아직 다른 선생님들은 도착하지 않았다. 식당은 학교에서 멀지 않아 오래 걸리지는 않을 듯하였다. 아니나 다를까 잠시 후 카풀해서 다니는 김다희 선생님과 박소현 선생님이 식당으로 들어섰다. 저녁 코스는 한

가지라 메뉴에 대한 고민은 없었다. 하지만 연구부장 선생님께서 조금 늦을 것 같아 식당에는 일행이 도착하면 음식을 내어달라 부탁하고 가벼운 대화를 나누기 시작했다.

김 교사 선생님~ 오늘 박소현 선생님 차 타고 오는데 이번에 또 마블 피규어를 샀더라고요.

이 교사 아 정말요? 교실에도 마블 캐릭터나 굿즈들이 보이더니 정말 마블팬이셨네요.

박 교사 아니에요. 적당히 좋아하는 수준이죠. 엄청까지는 아니고요. 그런데 이번에 〈닥터 스트레인지〉가 새로운 시리즈 나온다던데 엄청 기대는 하고 있습니다.

김 교사 저는 〈아이언맨〉 정도 밖에 모르겠던데…. 아이언맨에도 AI 나오지 않나요?

박 교사 네, 자비스라고 AI가 나오죠. 아이언맨이 처음에 나왔을 때는 엄청 신기했었는데 이제 웬만한 기계들은 거의 다 말을 하니까 낯설지도 않아요.

박 교사 마블에서 AI라고 하면 〈어벤져스 2〉죠! AI 로봇이 지구를 침공하는 거잖아요.

김 교사 역시! 그런데 AI도 발전하다 보면 터미네이터, 울트론처럼 인간을 위협하는 AI도 나오지 않을까요? 매트릭스 같은 경우에도 인간을 기계들이 거의 지배하고 있잖아요.

박 교사 그래서 늘 AI 기술 발전에 대해 두려움이나 거부감을 가지는 사람들이 늘어나는 것 같아요. 아직 AI는 영화처럼 진보된 것 같진 않으니 크게 이슈가 되지 않지만요.

이 교사 실제로 인공지능을 개발할 때 최대한 사람에 가깝도록 윤리적인 부분도 인간과 비슷하게 판단할 수 있게 한대요. 기계지만 인간성을 학습시키는 거죠. 이런 테스트도 있는데요. 튜링 테스트라고 테스트에 참여한 사람들이 대화를 나눈 상대가 사람인지 인공지능인지 정체를 알아내는 확률을 보는 거래요.

김 교사 그러면 지금 사용되고 있는 구글, 빅스비, 시리 같은 경우에는 바로 사람이 아니라고 알 수 있을 것 같은데요?

이 교사 현재 우리 주변의 대부분의 인공지능처럼 스스로 사고하며 문제를 해결할 수 없는 경우에는 '약한 인공지능'이라고 불려요. 빅스비, 시리, 이세돌 9단과 바둑 경기를 했던 구글 딥마인드의 알파고, IBM의 왓슨 등이 그런 예인 거죠.

박 교사 약한 인공지능이요? 그럼 강한 인공지능도 있나요?

이 교사 오 맞아요! 〈아이언맨〉의 자비스나 〈터미네이터〉의 스카이넷 같은 경우에는 스스로 사고하며 문제를 해결할 수 있는 능력이 있어 '강한 인공지능'이라고 불리죠.

김 교사 강한 인공지능이 있는 게 더 삶이 편해질 것 같긴 한데, 한편으로는 무섭기도 하고 그렇네요. 자비스같이 착한 녀석들만 있으면 좋을 텐데.

이 교사 그래서 AI 기술 개발에 윤리적 문제가 늘 따르곤 하죠.

"드르륵" 소리와 함께 연구부장 선생님이 도착하였다.

연구부장 미안, 미안해요. 급하게 처리할 일이 생겨서요. 혹시 음식 시켰어요?

이 교사 네, 이제 곧 나올 거예요.

연구부장 기다린다고 배고플 텐데 미안해요. 얼핏 들으니 AI 어쩌고 들리

　　　　　던데 설마 여기서 업무 이야기하는 건 아니죠?

이 교사 하하. 업무 이야기는 아니고 영화에 나오는 AI 이야기였어요.

　대화 주제는 AI와 윤리의식에서 자연스레 최신 개봉한 영화 이
야기로 넘어갔다. 즐거운 담소와 함께 저녁 식사 시간이 화기애애
하게 흘러갔다.

 읽을거리

◎ 튜링 테스트란?

　엘런 튜링은 컴퓨터가 지능을 가졌는지 판단하는 것에 관심을
두고 인공지능 판별법을 제시했습니다. 컴퓨터와 대화를 나누어 대
답한 주체가 컴퓨터인지 사람인지 구별할 수 없으면 컴퓨터가 사고
능력을 가진 것으로 볼 수 있다고 하였습니다. 이렇게 엘런 튜링은
인공지능 판별법에 대해 제시했지만, 구체적인 실험 방법과 판결기
준을 제시한 것은 아닙니다.

　2014년 튜링 테스트를 통과한 AI가 있다고 발표되었습니다. 바
로 유진 구스트만이라는 AI였습니다. 이때 실시된 튜링 테스트는
다음과 같습니다. 심판이 컴퓨터와 사람이 누구인지 모르는 상태에
서 각각 5분씩 채팅을 나눈 뒤 더 자연스럽게 대화를 나눈 쪽을 사
람이라고 판단합니다. 심판은 30명이며 심판 중 3분의 1 이상이 컴
퓨터를 사람이라고 선택하면 그 프로그램은 사고능력을 가진 AI라
고 판단합니다. 유진 구스트만은 10명의 심판이 사람 같다고 판단
하였다고 합니다. 하지만 유진 구스트만 AI와 직접 채팅을 나눈 한
학자는 5분의 짧은 시간 동안 대화를 나눠 판단한다는 것은 한계가
있으며 주어진 일만 해내거나 한정된 답을 내놓는 것은 진정으로
사고한다고 볼 수 없다고 했습니다. 정말 지능을 갖고 사고하는 AI는
정보를 종합적으로 보고 판단할 수 있으며 시각, 청각 등으로 의사
소통이 가능해야 한다고 합니다.

◎ 약인공지능과 강인공지능

▶ 약인공지능

약인공지능은 사람의 사고능력을 갖추고 있지 않지만, 사람의 지적 능력 중 일부 기능에 특화되어 빠르고 많은 양의 데이터를 처리하여 문제해결을 수행하는 AI를 의미합니다. 데이터를 사람처럼 이해하고 인식하여 도출하지는 못하지만, 사람이 입력한 알고리즘, 데이터 패턴을 바탕으로 초고속으로 광대한 범위의 데이터를 24시간 내내 처리할 수 있습니다. 현재까지 만들어진 AI는 대부분 약인공지능이라고 할 수 있습니다.

▶ 강인공지능

강인공지능은 사람의 사고능력을 갖추고 어떤 상황에서 스스로 학습하고 행동할 수 있는 AI를 의미합니다. 사람과 비슷한 지능과 지적능력과 더불어 자유의지를 갖고 있으면 강인공지능이라고 말합니다. 다만 학자들 사이에서도 지성과 자유의지가 무엇인지 정확히 정의하지 못하고 윤리적인 문제에 대한 우려가 함께 존재하고 있습니다. 현재로서는 우리가 만나볼 수 있는 강인공지능은 등장하지 않았으며 많은 연구가 진행 중입니다.

AI와 윤리

: 모럴 머신 사이트

연구부장 선생님, 다음 주 제 수업에 대한 협의를 시작해도 될까요?

간단한 주간 업무 전달 후 전문적 학습 공동체 수업에 대한 협의
를 시작하였다. 연구부장 선생님은 과학, 체육, 도덕 전담인데 3학
년 도덕 수업으로 동료 장학 수업을 할 계획이셨다.

연구부장 3학년 도덕 중 《생명을 존중하는 우리-바른 판단으로 생명을 보
호해요.》 수업을 준비하다가 아이디어가 떠올랐는데, 자율 주행
자동차 AI 프로그램을 도덕 시간에 다루어보면 어떨까 싶어요.

박 교사 도덕 딜레마 상황 중에 트롤리 딜레마랑 비슷한 것 같네요.

이 교사 트롤리 딜레마요?

박 교사 음⋯. 사람들에게 브레이크가 고장 난 트롤리, 기차 상황을 제시

하고 다수를 구하기 위해 소수를 희생할 수 있는지를 판단하게 하는 문제예요. 예를 들어 브레이크가 고장 난 기차가 달리고 있는데 그대로 달리면 인부 5명이 죽을 상황이에요. 그 5명을 살리기 위해서는 레일 변환기로 기차의 방향을 바꿔야 하는 거죠. 그런데 다른 쪽 레일에는 인부 1명이 서 있어요. 레일 변환기로 기차의 방향을 바꾸면 1명의 인부가 죽게 되는데 '과연 기차의 방향을 바꿀 것인가?' 하는 윤리적 물음을 던지는 사고실험이에요.

김 교사 와…. 어렵네요. 인간의 생명을 숫자로 표현해서 좀 그렇지만 5명을 살리기 위해 기차의 방향을 바꿔야 하지 않을까요? 그 한 분께는 죄송하지만요.

박 교사 대부분의 사람이 방향을 바꾼다고 응답해요. '그런데 만일 그 한 명의 인부가 내가 사랑하는 사람이라면?'이라고 추가 질문을 던진다면 선생님은 어떻게 하시겠어요?

김 교사 저한테 왜 그러세요…. 모르겠어요….

연구부장 맞아요. 박소현 선생님이 말씀해주신 예들처럼 수업에서 학생들에게 딜레마 상황을 제시하려고요. 브레이크가 고장 난 트롤리의 방향을 바꾸는 게 아니라 자율 주행 자동차의 프로그래머가 되는 상황을 제시해보려고 해요.

이 교사 지금까지 AI 기술을 어떻게 활용하느냐만 생각해서 윤리 쪽으로는 부족한 느낌이었는데 아이들에게 깊이 생각해볼 기회가 될 수 있겠는데요?

연구부장 자료들을 찾아보니까. '모럴 머신'이라고 윤리적 선택을 가상으로 해볼 수 있게 해주는 사이트가 있더라고요. 제가 단체 채팅방에 링크를 보내드릴게요. 잠깐 한번 해보시겠어요?

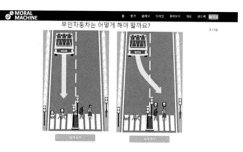

▶ 모럴 머신 접속 QR코드 (https://www.moralmachine.net/hl/kr)

박 교사 와~ 실제로 이렇게 보니까 정말 어떤 선택을 해야 할지 모르겠어요. 답이 있는 것도 아닌 것 같고…. 저도 선택하기 어려운데요?

김 교사 지난번 튜링 테스트 이야기했을 때도 AI에게도 인간의 윤리성이 반영되어야 한다고 생각했잖아요. AI도 사람과 비슷하게 생각하고 사람들의 사고방식으로 판단하는 게 중요할 것 같아요.

연구부장 그렇죠. 결국 이런 딜레마 상황을 판단하는 게 AI라서 이렇게 판단하는 게 아니라 '인간이라면 이처럼 판단을 한다'는 쪽으로 설계되어야 하는 거죠. '모럴 머신'에 제시된 모든 딜레마 상황을 다루기보다는 몇몇 상황을 학생들이 경험하고 자신의 선택에 대한 근거를 말해보면 윤리적으로 생각하는 힘을 함양할 수 있을 것 같아요.

이 교사 저도 AI 수업을 하다 보니 윤리적 문제를 생각하게 되더라고요. 그래서 혹시 관련된 자료들이 있나 찾아봤었거든요. 실제로 학자들이 아실로마 원칙이라고 해서 AI 윤리와 관련된 준칙을 선언하였더라고요. 고학년 학생들은 그런 것도 간단하게 설명해주면 좋을 것 같아요.

박 교사 아실로마 원칙이요? 뭔가 벌써 어려운 것 같은데요?

이 교사	말은 어려운 것 같은데요. 간단히 말하면 AI 기술을 개발할 때 연구자들이 지켜야 할 원칙들을 정리한 것이에요. 사실 이런 기준이 있다는 것에 놀랐어요. 원칙은 3가지 범주로 나누어지는데요. 1. 연구이슈, 2. 윤리와 가치, 3. 장기적 이슈로 되어 있어요. 아실로마 원칙 전체를 수업에서 다루기에는 어렵겠지만, 선생님들께서도 한번 읽어보시면 수업 진행하시는 데 도움이 되실 거 같아요. 자세한 내용은 제가 메시지로 보내드릴게요.
연구부장	역시 AI 교육 선도학교 담당자답네요! 그럼 1차시는 트롤리 딜레마를 변형한 AI 자율주행 프로그래밍 문제에 대해 각자 선택해보고 어떤 의견이 있는지 이야기해보면 될 것 같아요. 그런데 서로 토의, 토론이 이루어지려면 1차시만으로는 힘들 것 같은데… 담임 선생님들께서 토론 수업을 한번 이끌어 주실 수 있으실까요?
임 교사	토론 진행 정도야 저도 얼마든지 도와드릴 수 있지요!
연구부장	감사해요. 그럼 어느 정도 수업 자료가 준비되면 2차시 토론 활동이 어떻게 진행되면 좋을지 도움 요청드릴게요. 그럼 오늘 전문적 학습 공동체 회의는 이것으로 마칩니다.

이 교사는 잠시 앉아 남은 모럴 머신 사이트의 문제 상황을 직접 풀어보았다. 수업할 때 인간의 목숨을 계산적으로만 생각하지 않도록 수업을 잘 이끌어야겠다는 생각이 들었다. 아실로마 원칙을 수업 시간에 어떻게 적용해야 할지 생각하며 자리를 일어났다.

◎ 아실로마 원칙이란?

2017년 1월 AI 학자와 연구자들이 미국 캘리포니아 아실로마에 모여 채택한 '미래 인공지능 연구의 23가지 원칙'을 의미합니다. 인공지능과 관련된 윤리의 기준으로 인정받고 있는 원칙입니다. AI를 인류에게 이로운 방향으로 발전시키기 위해 제정되었으며 1,200명 이상의 AI 연구원과 2,500명 이상의 전문가들이 서명했습니다. 이런 원칙을 만든 이유는 AI를 활용해 인류를 돕고 힘을 줄 기회를 제공하기 위해서라고 합니다. 아실로마 원칙은 연구 이슈 5개항, 윤리와 가치 13개항 장기적 이슈 5개항으로 이루어져 있습니다.

연구 이슈(5개항)	윤리와 가치(13개항)	장기적 이슈(5개항)
• 연구목표 • 연구비 지원 • 과학과 정책 연결 • 연구 문화 • 경쟁 회피	• 안전 • 실패의 투명성 • 사법적 투명성 • 책임성 • 가치 일치 • 인간의 가치 • 개인정보 보호 • 자유와 프라이버시 • 공동의 이익 • 공동의 번영 • 인간 통제 • 사회 전복 방지 • AI 무기 경쟁	• 역량 경계 • 중요성 • 위험성 • 반복되는 자기 개선 • 공동의 선

〈아실로마 AI 원칙 주요 내용〉

※ 연구 이슈(5개항)

1. 연구 목표: AI 연구의 목표는 방향성 없는 지능이 아닌 사람에게 유익한 지능을 개발하는 것이다.

2. 연구비 지원: AI에 대한 투자는 컴퓨터 과학, 경제, 법, 윤리 및 사회 연구 분야의 어려운 질문들을 포함하여 AI의 유익한 사용을

보장하는 문제에 대한 지원을 수반해야 한다. 질문의 예시는 다음과 같다.

- 미래의 AI 시스템이 오작동이나 해킹 없이 우리가 원하는 것을 AI가 수행하도록 할 수 있도록 견고하게 만들 방법은 무엇인가?
- 인간 자원과 목적을 유지하면서, 자동화를 통해 얼마나 더 번영할 수 있는가?
- AI와 보조를 맞추고 AI에 관련된 위험을 관리하기 위해서, 체계를 공정하고 효율적인 체계로 업데이트하려면 어떻게 해야 하는가?
- AI는 어떤 가치들에 맞춰 따라야 하고 어떤 법적·윤리적 지위를 가져야 하는가?

3. 과학과 정책 연결: AI 연구자와 정책 입안자 사이에는 건설적이고 건전한 교류가 있어야 한다.

4. 연구 문화: AI 연구자와 개발자 사이에는 협력, 신뢰, 투명성의 문화가 조성되어야 한다.

5. 경쟁 회피: AI 시스템을 개발하는 팀은 안전기준 미달을 피하기 위해 적극적으로 협력해야 한다.

※ **윤리와 가치(13개항)**

6. 안전: AI 시스템은 작동 수명 동안 안전하고 안정적이어야 하며, 적용·구현이 가능한지 검증할 수 있어야 한다.

7. 실패의 투명성: AI 시스템이 피해를 일으킬 경우, 그 이유를 확인할 수 있어야 한다.

8. 사법적 투명성: 사법적 결정에서 자동시스템이 개입할 경우, 권한이 있는 기관에 충분한 설명을 제공해야 한다.

9. 책임성: 첨단 AI 시스템의 설계자 및 제조자는 AI의 이용, 오용 및 행동의 도덕적 영향력의 이해 관계자이며, 그에 따르는 책임과 기회를 가진다.

10. 가치 일치: 고도의 자동 AI 시스템은 작동하는 동안 그 목표와 행동이 인간의 가치와 일치하도록 설계돼야 한다.

11. 인간의 가치: AI 시스템은 인간의 존엄성, 권리, 자유 및 문화적 다양성의 이상과 양립하도록 설계되고 운용돼야 한다.

12. 개인정보 보호: AI 시스템에 데이터를 분석·활용할 수 있는 권한을 부여할 경우, 사람이 그 데이터에 접근, 관리, 제어할 수 있

는 권리를 가져야 한다.

13. 자유와 프라이버시: 개인정보에 대한 AI 적용이 사람들의 실제 또는 스스로 인지하는 자유를 부당하게 침해해서는 안 된다.

14. 공동의 이익: AI 기술은 가능한 한 많은 사람에게 혜택을 줘야 한다.

15. 공동의 번영: AI가 만들어내는 경제적 번영은 모든 인류에게 혜택이 돌아가도록 공유되어야 한다.

16. 인간 통제: 인간은 AI 시스템에 의사결정을 위임할지 여부와 그 방법을 선택할 수 있도록 하여, 인간이 선택한 목표를 달성하도록 해야 한다.

17. 사회 전복 방지: 고도화된 AI 시스템을 통제함으로써 갖게 되는 힘은 건강한 사회를 좌우하는 사회적, 시민적 절차를 전복시키는 것이 아니라 존중하고 개선해야 한다.

18. AI 무기 경쟁: 치명적인 자동 무기에 대한 군비 경쟁은 피해야 한다.

※ 장기적 이슈(5개항)

19. 역량 경계: 일치된 합의가 없으므로, 우리는 미래 AI 능력의 상한선에 대해서 강력한 가정을 피해야 한다.

20. 중요성: 고등화된 AI는 지구 생명의 역사에 중대한 변화를 가져올 수 있으므로, 그에 상응하는 관심과 자원을 통해 계획하고 관리해야 한다.

21. 위험: AI 시스템이 야기하는 위험, 특히 치명적이거나 실재하는 위험을 예상되는 영향에 대응하여 계획하고 완화하려고 노력해야 한다.

22. 반복되는 자기개선: 양적, 질적으로 급속하게 증가할 수 있도록 반복적으로 자체 개선이나 자체 복제를 하게끔 설계된 AI 시스템은 엄격하게 안전 및 통제 조치를 받아야 한다.

23. 공동의 선: 초지능은 널리 공유되는 윤리적 이상을 위해, 그리고 하나의 국가나 조직이 아닌 모든 인류의 이익을 위해 개발돼야 한다.

읽을거리

◎ **국가 인공지능 윤리기준**

2020년 11월, 과학기술정보통신부는 사람이 중심이 되는 '국가 인공지능 윤리기준'을 발표했습니다. 모든 사회구성원이 함께 지켜야 할 주요 원칙과 요건을 제시하고 있습니다.

〈국가 인공지능 윤리기준: 3대 기본원칙, 10대 핵심요건〉

1. 3대 기본원칙: 인공지능 개발 및 활용 과정에서 고려될 원칙

    '인간성을 위한 인공지능(AI for Humanity)'을 위해 인공지능 개발에서 활용에 이르는 전 과정에서 고려되어야 할 기준으로 3대 기본원칙을 제시한다.

① **인간 존엄성 원칙**

 - 인간은 신체와 이성이 있는 생명체로 인공지능을 포함하여 인간을 위해 개발된 기계제품과는 교환 불가능한 가치가 있다.
 - 인공지능은 인간의 생명은 물론 정신적 및 신체적 건강에 해가 되지 않는 범위에서 개발 및 활용되어야 한다.
 - 인공지능 개발 및 활용은 안전성과 견고성을 갖추어 인간에게 해가 되지 않도록 해야 한다.

② **사회의 공공선 원칙**

 - 공동체로서 사회는 가능한 한 많은 사람의 안녕과 행복이라는 가치를 추구한다.
 - 인공지능은 지능정보사회에서 소외되기 쉬운 사회적 약자와 취약 계층의 접근성을 보장하도록 개발 및 활용되어야 한다.
 - 공익 증진을 위한 인공지능 개발 및 활용은 사회적, 국가적, 나아가 글로벌 관점에서 인류의 보편적 복지를 향상시킬 수 있어야 한다.

③ **기술의 합목적성 원칙**

 - 인류의 삶에 필요한 도구인 인공지능 기술은 사용자의 목적과 의도에 따른 고유한 목적과 수단적 가치를 지닌다.
 - 인공지능은 궁극적으로 인간에게 도움이 되어야 한다는 목적에 맞도록 개발 및 활용되어야 한다.
 - 인류의 삶과 번영을 위한 인공지능 개발 및 활용을 장려하여 진흥해야 한다.

2. 10대 핵심요건: 기본원칙을 실현할 수 있는 세부 요건

　　3대 기본원칙을 실천하고 이행할 수 있도록 인공지능 전체 생명주기에 걸쳐 충족되어야 하는 10가지 핵심 요건을 제시한다.

① **인권보장**
　- 인공지능의 개발과 활용은 모든 인간에게 동등하게 부여된 권리를 존중하고, 다양한 민주적 가치와 국제 인권법 등에 명시된 권리를 보장하여야 한다.
　- 인공지능의 개발과 활용은 인간의 권리와 자유를 침해해서는 안 된다.

② **프라이버시 보호**
　- 인공지능을 개발하고 활용하는 전 과정에서 개인의 프라이버시를 보호해야 한다.
　- 인공지능 전 생애주기에 걸쳐 개인 정보의 오용을 최소화하도록 노력해야 한다.

③ **다양성 존중**
　- 인공지능 개발 및 활용 전 단계에서 사용자의 다양성과 대표성을 반영해야 하며, 성별·연령·장애·지역·인종·종교·국가 등 개인 특성에 따른 편향과 차별을 최소화하고, 상용화된 인공지능은 모든 사람에게 공정하게 적용되어야 한다.
　- 사회적 약자 및 취약 계층의 인공지능 기술 및 서비스에 대한 접근성을 보장하고, 인공지능이 주는 혜택은 특정 집단이 아닌 모든 사람에게 골고루 분배되도록 노력해야 한다.

④ **침해금지**
　- 인공지능을 인간에게 직간접적인 해를 입히는 목적으로 활용해서는 안 된다.
　- 인공지능이 야기할 수 있는 위험과 부정적 결과에 대응 방안을 마련하도록 노력해야 한다.

⑤ **공공성**
　- 인공지능은 개인적 행복 추구뿐만 아니라 사회적 공공성 증진과 인류의 공동 이익을 위해 활용해야 한다.
　- 인공지능은 긍정적 사회변화를 이끄는 방향으로 활용되어야 한다.
　- 인공지능의 순기능을 극대화하고 역기능을 최소화하기 위한 교육을 다방면으로 시행하여야 한다.

⑥ 연대성

- 다양한 집단 간의 관계 연대성을 유지하고, 미래세대를 충분히 배려하여 인공지능을 활용해야 한다.
- 인공지능 전 주기에 걸쳐 다양한 주체들의 공정한 참여 기회를 보장하여야 한다.
- 윤리적 인공지능의 개발 및 활용에 국제사회가 협력하도록 노력해야 한다.

⑦ 데이터 관리

- 개인정보 등 각각의 데이터를 그 목적에 부합하도록 활용하고, 목적 외 용도로 활용하지 않아야 한다.
- 데이터 수집과 활용의 전 과정에서 데이터 편향성이 최소화되도록 데이터 품질과 위험을 관리해야 한다.

⑧ 책임성

- 인공지능 개발 및 활용과정에서 책임 주체를 설정함으로써 발생할 수 있는 피해를 최소화하도록 노력해야 한다.
- 인공지능 설계 및 개발자, 서비스 제공자, 사용자 간의 책임소재를 명확히 해야 한다.

⑨ 안전성

- 인공지능 개발 및 활용 전 과정에 걸쳐 잠재적 위험을 방지하고 안전을 보장할 수 있도록 노력해야 한다.
- 인공지능 활용 과정에서 명백한 오류 또는 침해가 발생할 때 사용자가 그 작동을 제어할 수 있는 기능을 갖추도록 노력해야 한다.

⑩ 투명성

- 사회적 신뢰 형성을 위해 타 원칙과의 상충관계를 고려하여 인공지능 활용 상황에 적합한 수준의 투명성과 설명 가능성을 높이려는 노력을 기울여야 한다.
- 인공지능기반 제품이나 서비스를 제공할 때 인공지능의 활용 내용과 활용 과정에서 발생할 수 있는 위험 등의 유의사항을 사전에 알려야 한다.

01 | 'https://www.moralmachine.net/hl/kr'에 접속합니다. **'시작하기'** 버튼을
클릭합니다.

02 | '어느 쪽을 희생해야할지 그림을 클릭하여 선택합니다.

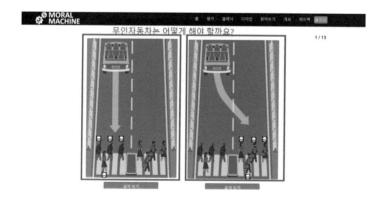

03 | 요약 보기 버튼을 클릭하면 각 그림에 대한 설명을 볼 수 있습니다.

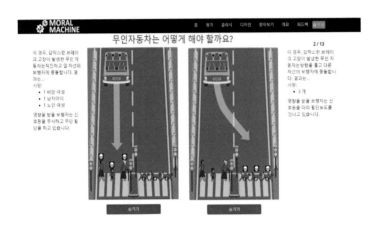

04 | 13가지를 모두 선택하고 나면 내 선택에 대한 결과를 확인할 수 있습니다.

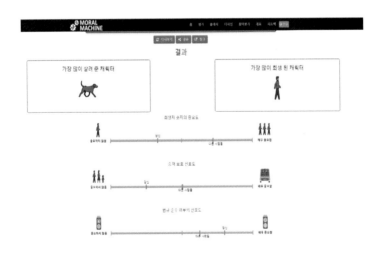

31. AI와 윤리: 모럴 머신 사이트

AI와 윤리	( )학년 ( )반 ( )번
	이름 :

◇ 트롤리(선로 위를 달리는 전차) 딜레마에 대한 이야기를 들어보았나
요? 다음은 트롤리 딜레마의 상황을 운전자의 입장에서 재구성한 것입
니다. 나는 어떤 선택을 할 것이며 그 이유는 무엇인지 서술해봅시다.

당신이 운전하는 차는 속력을 멈추지 못하고 보행 중인 사람들과 마주치
게 되었습니다. 이대로 간다면 어린아이와 그의 젊은 엄마를, 방향을 바
꾼다면 그 앞에 걸어가던 노부부를 치게 되고 맙니다. 자동차를 멈출 수
없고 차에 부딪힌 사람들은 반드시 죽습니다. 이때 당신은 어떤 선택을
할까요? 방향을 바꿀 것인가요, 바꾸지 않을 것인가요?

나라면 방향을 ( ) 것이다. 그 이유는
_____
_____
_____
_____

◇ 위와 같은 상황에서 정해진 답은 없습니다. 사람들은 저마다 생각하
는 자신만의 가치에 의해 선택을 하게 됩니다. 그렇다면 AI 기술로 운
행하는 자율주행 자동차의 경우에는 어떨까요? 자율 주행 자동차도
사람과 같이 가치판단을 할 수 있을까요?

다음 사이트는 무인자동차와 같은 인공 지능의 윤리적 결정에 대한 사람들의 인식을
수집하기 위한 사이트입니다. 희생자의 숫자, 연령, 교통법규 준수의 여부 등 다양한
조건에서 나의 선택과 평균적인 선택이 어떻게 다른지 살펴봅시다.

모럴 머신 (🔍)

검색창에 "모럴 머신"을 검색하거나 주소창에 https://www.moralmachine.net/hl/kr을
입력하세요.

미래의 AI 사회

　미래초등학교는 학예회 준비에 한창이다. 매년 하는 학예회지만 늘 전 학교가 부산한 것은 변함이 없는 듯하다. 요즘 학예회는 예전 학예회들과 좀 달라졌다. 이 교사의 어릴 적만 해도 학예회는 마을 잔치 자리였다. 최근의 학예회는 이전보다 학생 수, 규모 면에서 많이 줄었다. 학부모들이 오지 않고 작은 학예회 형식으로 진행하거나 운동회와 함께 이루어지기도 했다. 여기서 공통점은 큰 준비 없이 정말 평소에 배웠던 것들을 발표하는 자리라는 것이다. 수업 시간에 학예회 공연 준비를 하기 위해 수업결손이 일어나는 경우를 최대한 줄인 것이다. 미래초등학교도 최근 흐름에 맞추어 학예회 준비로 학사일정에 무리가 가지 않도록 하였다. 대신 동아리 활동이나 창의적 체험 활동을 학예회 주간에 몰아두어 충분한 연습 시간을 마련했다.

학예회에 부담감이 줄었어도 학생들은 여전히 공연이나 전시 준비에 만전을 가졌다. 학예회는 크게 공연과 전시 두 가지 분야로 진행되었다. 먼저 공연은 학년 공연, 동아리 공연, 방과 후 활동 공연으로 이루어진다. 학년 공연은 1, 3학년은 세계댄스, 2학년은 칼림바, 4학년은 리코더, 5학년은 기악 합주, 6학년은 난타 공연을 준비하고 있었다. 동아리 공연은 댄스부, 방과 후 활동 공연은 바이올린, 밴드 공연이 이루어질 예정이었다. 전시는 주로 동아리별로 전시나 부스체험 형식으로 준비하고 있었다. 단순히 작품만 복도에 전시하기보다는 동아리별로 체험할 수 있는 것을 기획한 것이다. 예를 들어 체육 동아리는 실내 농구 골대를 준비하여 성공 개수에 따라 상품을 준비했다. 독서 동아리는 책갈피 만들기, 요리 동아리는 와플 기계를 이용한 와플을 만들어 팔기로 기획하고 있었다. AI 동아리는 저학년 학생들에게 레고 위두를 체험시키며 코딩을 해볼 수 있는 부스를 마련하는 등 동아리별로 동아리의 특성을 보여줄 수 있는 전시 및 부스를 준비했다. 오늘 자치 시간에는 학년별 전시를 어떻게 하면 좋을지에 대해 의논하기로 되어 있었다.

학생회장 각 동아리에서 하는 학예회 전시는 AI 동아리의 레고 작품 전시, 독서 동아리 친구들의 책갈피 만들기, 요리동아리의 와플 만들기 등으로 결정됐다고 합니다. 혹시 이 동아리들과 겹치지 않고 우리 학년에서 하고 싶은 전시가 있으면 손을 들고 발표해주시기 바랍니다.

학생 1 1학기 때 현수가 만들었던 가위바위보 게임을 전시하는 건 어떨까요? 그때도 다들 재미있게 했고, 이번에 부모님들도 와서 참여

하시면 재미있어하실 것 같습니다.

학생 2   찬성이요! 6학년 내내 AI 수업을 열심히 했는데 AI 수업했던 내용을 전시하면 좋을 것 같습니다.

학생회장   AI 수업 내용을 활용하여 전시하자는 의견이 나왔습니다. 찬성하는 사람은 손을 들어주시기 바랍니다.

10명 정도가 찬성 의견을 내자 회장이 회의를 끝내고자 하였다. 그러자 찬성의견을 내지 않았던 학생들 몇몇이 손을 들었다.

학생회장   김도윤 학생 어떤 의견입니까?

학생 4   저는 가위바위보 프로그램을 설치하는 것에 반대합니다. 가위바위보 프로그램을 설치하려면 노트북을 설치해야 하는 데 안전하지 않을 것 같습니다.

학생회장   노트북의 분실이나 파손 위험이 있다는 의견이 나왔습니다. 혹시 다른 의견 있으십니까?

학생 5   전시할 때는 우리가 옆에서 지키고 있으므로 분실이나 파손 위험은 적을 것 같습니다. 좀 번거롭고 귀찮을 수도 있지만, 전시 기간 동안 쉬는 시간에는 설치하고 수업 시간에는 노트북이나 태블릿 등은 수거하는 게 어떨까요?

학생 6   저도 그 의견에 찬성합니다. 수거해있는 동안 충전할 수도 있을 것 같습니다.

학생회장   가위바위보 프로그램 설치에 반대하는 의견이나 보충해주실 의견 더 있으십니까?

학생 7   저처럼 AI나 코딩에 능숙하지 않은 학생들을 위한 전시 아이디어도 있어야 할 것 같습니다.

학생 8 아직 AI가 이용되는 것을 모르는 동생들이나 어른들이 많으니까 이런 것들을 알릴 수 있는 전시를 해보면 어떨까요?

학생 9 우리가 학년 초에 찾아보았던 우리 생활 속 인공지능 사례를 설명하는 자료를 만들거나 동생들에게 알려줄 이야기를 하면 어떨까요?

학생회장 그럼 어떤 분야나 이야기들로 AI 교육을 설명하면 좋을까요?

이 교사 선생님이 의견을 좀 보탤게요. 우리가 1년 동안 AI와 관련된 수업을 많이 한 덕분에 여러분들이 기본적으로 AI에 대해 잘 알게 된 것 같아요. 모둠별로 우리 생활에서 이용되는 인공지능 사례들을 홍보하거나 이용되는 물품들을 직접 사용해볼 수 있도록 하면 어떨까요?

학생들 오 좋아요.

학생회장 혹시 다른 의견 있으신 학생들 있습니까? 없으면 지금부터 모둠별로 인공지능 사례를 전시할 것들을 선정하였으면 합니다.

이 교사 다른 의견이 지금은 없는 것 같으니 지난번에 살펴보았던 우리 생활 속 인공지능 사례를 볼까요?

이 교사는 남은 시간에 파워포인트를 켜며 지난번 인공지능 사례 내용을 다시 한 번 상기 시켜주었다.

이 교사 각 모둠별로 인공지능 사례를 한 두 개정도 정해 보는 게 좋을 것 같아요. 인공지능사례는 생체인식, 동작인식, 음성인식, 교통분야, 제조분야, 학습분야, 예술분야, 전문분야, 마케팅분야가 있었죠. 예시들은 아래처럼 이렇게 있었어요. 학예회 전시 준비 계획서도 선생님이 나눠줄테니까 어떻게 전시를 할지 발표해볼까요?

[우리 생활 속 인공지능 사례]
- 생체 인식 기술: 지문, 홍채, 안면 인식 기술을 이용한 보안 시스템, 안면 인식 기술을 활용한 마케팅 등
- 동작 인식 기술: 환자의 재활을 도와주는 헬스케어 프로그램, 게임 및 오락 등
- 음성 인식 기술: 인공지능 스피커, 음성 인식 로봇, 음성 생성 프로그램 등
- 교통 분야: 자율주행시스템, 번호판 인식, 내비게이션 등
- 제조 분야: 공장 자동화 프로그램 등
- 학습 분야: 학습 관리 프로그램, 학습자 분석 및 솔루션 제공 프로그램 등
- 예술 분야: 인공지능 소설가, 인공지능 시인, 인공지능 화가, 인공지능 작가, 인공지능 지휘자 등
- 전문 분야: 인공지능 의사, 인공지능 변호사, 인공지능 기자 등
- 마케팅 분야: 추천 시스템, 광고 제작

모둠별로 어떤 인공지능 사례를 선정할지 활발히 토론이 이루어졌다. 이때 서로가 겹치지 않는 분야를 선정하기 위해 모둠 간에도 의견을 물어보며 이루어졌다.

1모둠 저희는 생체인식 기술을 전시하고자 합니다. 휴대폰이나 노트북 같은 곳에 요즘 얼굴인식, 지문인식 등이 거의 다 탑재되어 있습니다. 이런 것들도 AI 기술을 활용한 것이라고 설명하고 전시하면 동생들이 신기해할 것 같습니다.

2모둠 저희는 동작 인식 기술을 전시하고자 합니다. 저희가 사용했던

프로그램 중에 무브미러 프로그램이 있습니다. 이 프로그램으로 같은 동작을 취하게 해보면서 놀이처럼 하면 좋을 것 같습니다.

3모둠 우리 모둠은 음성인식 기술체험 프로그램을 전시하려고 합니다. AI 스피커로 음악을 켜고 끄게 해보고 스마트 조명도 가져와서 전시해보면 우리 생활에서 유용하게 이용될 수 있을 것 같습니다.

4모둠 저희는 현수가 만든 가위바위보 프로그램을 전시하려고 합니다. AI 프로그램을 놀이처럼 해보면 AI 활동을 재미있게 느낄 것 같습니다.

이 교사 그럼 모둠별로 필요한 준비물이 있을 거예요. 학예회 준비 계획서를 제출해주면 관련된 물품들 구매할게요. 체험하는 동생들에게 줄 수 있는 간단한 간식거리도 구매해 놓을게요. 모둠별로 좀 더 어떻게 운영할지 쉬는 시간을 이용해 준비하면 좋을 것 같아요. 재미있는 학예회가 되도록 해봅시다!

학예회 전시 준비 계획서

◇ 이번 학예회에서 AI와 관련된 내용을 전시하여 친구들에게 AI 기술을 알리려고 합니다. 구체적인 전시 계획을 그림과 글로 나타내봅시다.

전시 내용	
전시 장소	
만들어야 할 것	
준비물	
체험 활동	
〈그림〉	

32. 미래의 AI 사회

인공지능의 발전 과정

봄방학이라는 단어가 어쩌면 "~라떼" 용어가 될지도 모르겠다. 전국 초등학교의 추세에 따라 미래초등학교가 있는 B군에서도 봄방학을 없애고 1월에 종업식과 함께 겨울방학을 갖는 학교가 늘고 있었다. 겨울방학이 끝나고 다시 등교하는 경우에는 보통 수업이 제대로 이루어지지 않아 무의미한 시간 보내기가 발생하곤 했다. 미래초등학교도 봄 방학 없이 겨울방학을 1월 중순쯤에 시작하여 학생들이 중간에 등교하지 않고 3월에 새 학년에 진학할 수 있도록 학사 일정이 정해졌다. 봄 방학이 있는 경우와 없는 경우는 각각의 장단점이 있었다. 봄 방학이 있는 경우 조금 더 여유 있게 학생들의 평가나 생활기록부 수정 등을 할 수 있었다. 2월에 생활통지표가 배부되므로 겨울방학 동안 여유 있게 작성할 수 있다. 그리고 아직 교육청에서도 봄 방학이 있다는 가정하에 공문을 보내거나 교육 활동 내용을 보내는 경우가 더러 있었다. 봄 방학 없이 학사 일정을 운영할 경우 앞서 말한 것처럼 수업결손이 줄어들었다. 가장 큰 단점이라면 추위다. 1월 초부터는 추위가 급격하게 찾아온다. 오래된 학교에서는 수도관이 얼기도 하고 교실의 히터가 고장 나기도 한다. 왜 겨울방학을 12월 말에 하는지 몸으로 깨닫게 되는 시간이기도 했다.

이 교사는 1월 학사일정 마감이 처음이라 학생들 졸업 업무가 빠듯할 것으로 생각했다. 초등학교 생활기록부 정정할 마지막 기회이기 때문에 다시 한 번 꼼꼼히 살펴보아야 했고 6학년 고유의 진학 관련 업무도 보아야 하기 때문이다. 하지만 의외로 금방 일들이 마무리되었다. 이것 또한 작은 학교의 장점인가? 하고 느끼고 있었다. 중학교 원서도 거의 마무리하고 졸업 사정 작업도 생각보다 금방 끝내 시간적 여유가 생겼다. 덕분에 학기 말에 미래 초등학교 선생님들 대상으로 연수를 수월하게 할 수 있었다.

마지막 전문적 학습공동체 연수를 어떤 내용으로 진행할까 구상하다가 이 교사는 '인공지능의 발전 과정과 전망'이라는 주제로 연수를 진행하기로 하였다. 자칫 딱딱하고 지루한 강의형식이 될 수도 있었지만 바쁜 학기 말 시간에 실습 위주의 연수보다는 차분히 이야기 형식으로 연수를 진행하는 것도 괜찮을 것 같았다. 연수 명이 너무 거창하여 부담되지만, 전문적 학습 공동체 모임이라는 이름에 걸맞게 혼자 떠드는 방식이 아니라 함께 이야기할 수 있도록 연수를 진행하기로 하였다.

그래서 연수 장소도 컴퓨터실이나 회의실이 아닌 6학년 교실로 선정했다. 교실에 놀러 온 것처럼 다과를 준비하고 가벼운 마음으로 진행하기 위해서였다. 더군다나 6학년 교실에는 이미 다양한 AI 기술을 적용한 작품들도 있을 뿐만 아니라 이번 학예회 때 전시한 작품들도 남아있었다. 이전 연수 담당 선생님들께서 각 교실에서 연수하는 것이 편하다고 하여 어느새 굳어진 미래초등학교의 방식이기도 했다.

오늘 연수는 크게 두 부분으로 진행될 예정이다. 첫 번째는 인공지능이 어떻게 발전되었는지 기본적인 이야기를 나누어본다. 두 번째는 미래초등학교가 AI 교육 선도학교 2년 차로 접어드는 것에 따른 운영방안에 대한 토의로 진행될 것으로 계획하였다.

교무부장 와~ 이런 것도 준비했어요?

이것저것 연수를 준비하다 보니 선생님들이 하나둘 교실로 들어오셨다.

장 교사 와~ 6학년 책상은 정말 높군요. 2학년 책상에만 앉다가 여기 앉으니 체감이 확 되네요!

이 교사 아직 다른 선생님들께서 안 오셨으니 책상 위에 있는 다과 드시면서 기다리시죠.

교무부장 그나저나 우리 저학년은 AI 관련 활동을 거의 못 한 것 같아요. 막상 하려니 어려움이 확 느껴지는 듯한 느낌?

이 교사 그렇죠. 솔직히 저학년에서는 AI 기술을 경험하게 해보는 것만으로도 큰 의의가 있다고 생각해요. 나중에 저학년을 대상으로 어떤 활용방안이 있을지 이야기도 해보면 좋을 것 같아요. 선생님들이 거의 다 오신 것 같으니 일단 간단한 영상으로 AI의 발전 과정을 살펴볼까요?

[인공지능의 발전 과정]

제 1차 인공지능 붐

- ❖ 앨런 튜링- 튜링 모방 게임 제시
- ❖ 다트머스 인공지능 학회에서 최초로 '인공지능' 이라는 용어 사용
- ❖ 퍼셉트론의 등장으로 인공지능 제1차 인공지능 붐 시기 도래
- ❖ 퍼셉트론의 한계(XOR 문제)와 상태 폭발 문제, 자연어 처리에서의 상식 문제 등으로 인한인공지능 연구의 정체로 제1차 겨울 도래

제 2차 인공지능 붐

- ❖ 전문가 시스템의 발전으로 제2차 AI 붐 시기 도래
- ❖ 덴드럴 프로젝트, 마이신 등 성공 사례 등장
- ❖ 다층퍼셉트론으로 XOR 문제 해결
- ❖ 오차역전파법을 통한 다층퍼셉트론에서의 학습 문제 해결
- ❖ 지식 추출의 병목 현상, 유지보수의 어려움 등으로 인해 영역을 넓히는 데 한계를 보이며 제2차 겨울 도래

제 3차 인공지능 붐

- ❖ 제프리 힌튼의 '딥러닝' 발표로 인공 신경망의 부흥
- ❖ 딥러닝이란 사전학습을 통해 적절한 가중치 값을 설정하여 학습에 투입하는 것
- ❖ 딥러닝 기술을 적용한 알렉스넷이 기존 대비 인식 오차율을 10% 줄이며 이미지넷 대회 우승
- ❖ 2015년 인공지능이 사람의 이미지 인식률 추월
- ❖ 딥러닝 기반의 다양한 파생 학습방법 개발과 인공지능의 급속한 발전으로 제3차 인공지능 붐 시기 도래

이 교사 이 내용은 가볍게 들어주시고요. 마지막에 이야기한 3차 인공
지능의 붐에서 이야기 나온 머신러닝과 딥러닝에 대해서는 한
번 더 알고 가시는 게 좋을 것 같아요. 선생님들께서도 다들 AI
연수를 들어보시고 수업도 여러 번 해보시면서 머신러닝, 딥러
닝이라는 말은 들어보셨을 거예요. 머신러닝은 인간이 입력하
는 알고리즘과 정보를 이용해 기계를 학습시키는 방법이고, 딥
러닝은 기계가 스스로 알고리즘을 학습하는 방법이에요. 큰 범
위에서 말하자면 머신러닝 안에 딥러닝이라는 기술이 있는 것
이죠. 딥러닝의 가장 유명한 예로 알파고가 있죠. 알파고는 인간
이 따로 바둑 입력값을 넣지 않아도 알파고 끼리 바둑을 두면서
다양한 경우의 수를 학습하게 돼요.

이론적으로는 '머신러닝이다. 딥러닝이다.'라고 알고 있지만, 실
제 수업에 "딥러닝을 이용하겠어!", "머신러닝을 이용하겠어!" 같
은 말은 하기 힘든 것 같아요. 제 개인적인 생각으로는 이런 이
론은 알고 있되 각 학년에 알맞은 AI 수업은 선생님들께서 재디
자인하는 것으로도 충분히 좋은 수업이 이루어질 것 같아요. 남
은 시간에는 저희가 1년 동안 AI 수업을 하시면서 어려웠던 점이
나 좋았던 점 또는 이 학년에서는 이러한 수준의 AI 수업을 하
는 것이 좋았다는 것을 자유롭게 이야기해보면 좋을 듯해요.

교무부장 1학년 담임인 저부터 발표할까요? 제가 나이도 있고 그래서 "AI
교육 선도학교가 되었다. 인공지능 관련 수업을 해야 한다."라
고 했을 때 참 걱정이 많이 앞섰어요. 지금 휴대전화를 사용하
는 것도 젊은 선생님들은 얼마나 잘 쓰고 있습니까. 저도 교직에
들어와서 얼마 안 있어서 컴퓨터가 도입되었을 때 많은 원로 선

생님들을 도와드렸거든요? 그런데 나이가 점점 들면 들수록 학교에 어떤 새로운 기술이 도입되는 것이 두려웠어요. 예전에 선배들이 컴퓨터 다루기 어려워하는 것을 잘 이해 못 했는데 이제 완전히 이해하게 된 거죠. 1학년에 무슨 AI 기술을 이용할까 수업에 대한 걱정이 있었지만 여러 젊으신 선생님들이 도와줘 '딥드림제너리이터'를 활용한 미술 수업이 기억에 남아요. 고학년 생들은 자신들이 스스로 프로그램을 다루기도 했겠지만 1학년은 제가 그림을 변경시켜주고 했었거든요? 1학년 아이들도 평소랑 다른 것들로 미술 수업을 하니까 참 좋아하더라고요. 이런 걸 경험해보니 도구가 중요한 것이 아니라 교사가 어떻게 적용하느냐에 따라 저학년생들도 충분히 AI와 관련된 기술을 이용하여 수업을 진행할 수 있을 것 같았습니다.

장 교사 저도 1학년 선생님처럼 저학년생들한테는 아직 예체능에서 이용하는 게 도움이 되더라고요. 5, 6학년 선생님들은 퀵드로우 프로그램을 크로키를 학습하는 데 이용하셨는데요. 저희 2학년들은 대상의 특징을 관찰하는 데 도움이 많이 되었어요. 빠르게 그리는 데 초점을 맞추기보다는 가장 큰 특징을 먼저 찾아서 그리는 것에 중점을 두었거든요. 이 프로그램을 이용하니 아이들도 재미있어하고 계속 연습하면 대상을 관찰하는 능력이 향상되겠더라고요.

박 교사 저는 'code.org' 사이트에서 과학 교과 분류하기 활동을 한 것이 좋았어요. 교과서 내용을 재구성하여 수업을 진행할 수 있다는 것에 신기하기도 했고요. 아마 학생들보다는 저 스스로한테 느낀 게 많은 수업이었던 것 같아요. 이론적으로만 배우던 교육

33. 인공지능의 발전 과정

과정 재구성을 제가 실제로 짜보기도 하니까 막연하게만 느끼던 교육과정 재구성에 대한 부담감이 줄어든 계기가 된 것 같아요. 아이들도 뻔한 교과서 내용보다 재구성해서 수업한 것들을 더 좋아하기도 하고요. 그 수업 이후로 다양한 자료 찾아보면서 수업을 재구성하기 시작한 것 같아요.

이외에도 4학년 선생님은 오토드로우 프로그램이 교사인 자신도 신기하고 재미있었다 하였고 5학년 선생님은 다양하게 AI 프로그램을 경험해본 수업들이 인상에 남는다고 하였다. 5학년들은 코딩도 어느 정도 가능하고 AI 기능에 대한 가벼운 이론 수업도 가능하여 수준이 학년 초보다 많이 높아지기도 하였다.

이 교사 선생님들 덕분에 한 해 동안의 AI 교육 선도학교 사업이 잘 마무리되는 것 같습니다. 말씀해주신 내용은 제가 잘 정리해서 회의록으로 남겨두도록 하겠습니다! 아직 앞에 과자도 남아있고 커피도 남았으니 편안히 이야기하시면 될 듯합니다. 긴 시간 고생하셨습니다!

전문적 학습 공동체 활동 기록지

날짜		장소	
주제	인공지능의 발전과 전망	기록자	

나눈 내용	◎ **4차 산업혁명 시대를 이끄는 기술 : 인공지능(AI)** 컴퓨터에서 사람의 지능적인 행동을 모방하여 지능이 필요한 작업을 수행, 예술, 경제, 의료 등 다양한 분야에서 활용

◎ **4차 산업혁명 시대를 이끄는 기술 : 인공지능(AI)**

컴퓨터에서 사람의 지능적인 행동을 모방하여 지능이 필요한 작업을 수행, 예술, 경제, 의료 등 다양한 분야에서 활용

1930~1940년대	1956년	1970년대	1980년대
튜링 테스트 수리논리학 컴퓨테이션 인공 두뇌학 등장	AI (artificial intelligence) 용어 등장	인공지능의 침체기	신경망 이론 등장

1990년대	1997변	2000년대
인터넷의 발전으로 데이터 수집, 기계학습, 딥러닝 알고리즘 발전	IBM 슈퍼컴퓨터 체스 챔피언으로부터 승리, 인공지능에 대한 관심 증가	기계학습, 신경망 네트워크를 이용한 딥러닝 발전, 클라우드 컴퓨팅 환경의 발전

◎ **인공지능의 발전 동향**

▶ AI 활용 자율주행차, 로봇 기술 개발: 센서를 기반으로 대응
▶ 사물인터넷(IoT) 발전: 주변의 기기들이 인터넷에 연결되어 정보를 교환하고 주변 환경에 능동적으로 대처
▶ AI 비서 구글 어시스턴트, 음성인식 정보검색 서비스 시리, 디지털 개인 비서 코타나 등 인간-사물의 인공지능 기반 대화: 의료 데이터를 활용하여 암 발견 및 최적의 치료 제공
▶ AI 챗봇, 번역 기술
▶ 다양한 서비스 영역 진출(금융업무, 콘텐츠와 쇼핑 등 서비스 추천)

◎ **머신러닝**

- 인공지능 연구 분야 중 하나로, 인간의 학습 능력과 같은 기능을 컴퓨터에 실현하려는 기술이다.
- 데이터를 기반으로 학습을 하고 데이터를 바탕으로 예측 및 결정을 하는 모델을 만드는 방식이다.
▶ 머신러닝 알고리즘의 종류
　① 입력에 대해 출력을 하는 함수를 학습하는 지도 학습
　② 출력 없이 입력만으로 모델을 구축하여 학습하는 비지도 학습
　③ 행동을 선택하여 영향을 미치고 이에 대한 피드백으로 보상을 얻어 학습하는 강화학습

<table>
<tr>
<td>나눈 내용</td>
<td>

◎ 딥러닝
- 스스로 학습하는 컴퓨터를 만드는 머신러닝의 한 분야로 사물이나 데이터를 분류하거나 군집하는 데 사용하는 기술이다.
- 사람의 뇌의 연결을 모방하여 사람의 뇌가 사물을 구분하는 것과 유사하게 컴퓨터가 사물을 분류할 수 있도록 한다.
- 스스로 학습하여 지식을 인식하고 그것을 활용해 결과를 예측할 수 있다.

◎ AI 교육 중 기억에 남는 활동
▶ 딥드림제너레이터: 평소와 다른 방식의 미술 수업, 내 그림의 변화 모습이 재미있음.
▶ 퀵드로우: 대상의 특징을 관찰하는 데 도움이 됨.
▶ code.org/oceans: 과학의 분류하기 수업에서 활용. 환경 윤리교육과 함께 재구성하여 수업 진행
▶ 오토드로우: 학생들이 흥미를 느끼고 교사 역시 신기하고 즐거웠음
▶ 엔트리 인공지능 블록 활용: 엔트리에서 다양하게 인공지능 블록을 제공하고 있어 인공지능을 체험하고 원리를 알아가기 좋음. 엔트리 기능의 활용으로 SW 교육이 알차게 진행됨

</td>
</tr>
</table>

에필로그

: 코로나 시대 인공지능 교육의 방향

종업식, 졸업은 교사가 된 이후로 늘 가슴 한편이 먹먹해지게 만드는 단어였다. 졸업식이 1월이라 마지막이라는 생각이 더욱 크게 느껴졌다. 6학년은 여러 번 경험해본 이 교사였지만 그때마다 동 학년 선생님들께서 꼼꼼히 챙겨주셨었는데 올해는 처음으로 혼자 졸업 준비를 하다 보니 걱정이 앞섰다. 다행히 작은 학교에서는 입학식, 졸업식 같은 특정 학년의 행사라고 각 학년에서만 준비하는 것이 아니었다. 전 학년 또는 전 직원들이 솔선수범으로 나서서 도와주기도 하셨다. 졸업식 준비도 교무부장, 연구부장 선생님들께서 빠진 것들이 없는지 수시로 챙겨주셨다. 졸업식 영상도 편집이 다 되었고, 상장들도 다 인쇄되어 준비되었다. 거기에 더해 중학교 배정 결과도 오늘 나와 졸업이 한 번 더 성큼 다가왔다고 느껴졌다. 관내에 중학교의 수가 그리 많지 않아 학생들 대부분이 같은 학교로 가겠지만, 읍내의 큰 학교의 학생들과 같은 학교에 배정 받는 학생들도 몇몇 있어 잘 적응할지 걱정도 되었다. 아이들을 졸 업시키게 되면 물가에 아이들을 내놓는 것처럼 마음이 계속 가게 되었다. 자율 학기제에는 잘 적응할지, 작은 학교에 머물다 보니 원 격수업이라도 하게 된다면 제대로 할 수 있을지 등이 걱정되었다.

졸업식 당일 시간은 아래와 같이 진행되기로 예정되었다. 1교시 는 마지막으로 6학년 교실에서 서로에게 하고 싶었던 말이나 좋았 던 점 등을 이야기 나누는 시간을 가졌다. 2교시에는 도서관에서 졸업식이 진행되고 다른 학년이 참여하기보다는 5학년들만 참석하 여 6학년들의 졸업을 축하해주기로 하였다. 이후로 부모님들과 사 진을 찍고 담임 선생님과 인사하고 남은 자신의 짐들을 챙겨가는 것으로 졸업식 당일 행사가 마무리되었다.

이 교사 여러분, 이제 마지막으로 한번 자리에 같이 앉아볼까요? 의자를 원형으로 만들어서 앉아봅시다. 이제 이렇게 우리가 다 같이 이 교실에서 같이 이야기하는 시간도 오늘이 마지막이잖아요. 그 래서 서로에게 하고 싶었던 말이나 기억에 남는 것들을 이야기 해보는 시간을 가졌으면 합니다. 선생님 앉은 자리에서 시계방 향 순서대로 이야기해볼까요?

학생 1 네, 저는 6년 동안 미래초등학교에 다니면서 6학년 1년이 가장 재미있었던 것 같아. 중학교 가서 보자.

학생 2 6년 동안 매년 같은 반이라서 별생각 없었는데 이제 중학교 가 니까 못 볼 수도 있을 것 같다고 생각하니 좀 이상할 거 같아. 그래도 만나면 인사하자.

학생 3   나도 올해가 정말 재미있었어. 6학년 때 좀 다양한 활동을 많이 한 것 같아서 재미도 있었고! 중학교 가서는 우리 공부도 좀 열심히 하자!

이 교사   그럼 마지막으로 선생님 차례네요. 처음 말하는 거지만, 선생님은 이렇게 작은 학교에 근무하는 게 처음이에요. 그전에는 한 학년에 100명이 넘는 학교에서 근무했었거든요. 그래서 작은 학교로 옮겨올 때 수업을 어떻게 해야 할지 걱정도 많이 되고 했었는데, 여러분이 착하게 잘 따라 와줘서 정말 고맙고 기특하다는 생각이 많이 들었어요. 선생님이 부족한 점이 많았을 텐데 한 해가 재미있었다고 하니 기쁘기도 합니다! 자 이제 졸업식장에서 멋지게 초등학교 마무리를 해볼까요? 졸업식 끝나면 자기 소지품만 들고 갈 수 있게 자리 정리하고 도서관으로 이동합시다!

교실 정리를 마친 이 교사와 학생들은 아쉬움을 달래며 졸업식장으로 향했다.

교무부장   지금부터 202X 학년도 미래초등학교 졸업식을 시작하겠습니다. 먼저 내빈 여러분과 학생들은 정면의 국기를 향해 일어서주십시오. 국기에 대하여 경례! 바로. 모두 자리에 앉아주시기 바랍니다. 먼저 상장전달이 있겠습니다. 호명하는 학생은 단상으로 나와주시기 바랍니다.

졸업장 전달과 각종 상장, 장학금 전달이 끝나자 교장 선생님의 말씀이 이어졌다.

| 교장 | 올해 본교는 AI 교육 선도학교로 학부모님들과 학생 여러분이 아시다시피 아주 혁신적인 수업을 많이 했습니다. 특히 6학년은 미래초등학교의 제일 큰 선배답게 AI 수업에 적극적으로 참여해준 것으로 알고 있습니다. 여러분들이 중학교, 고등학교에 진학하게 되면 AI 기술들은 더욱더 중요하게 여겨질 것입니다. AI 산업 및 기술은 이미 미래로 향하고 있고 계속 발전되어 나갈 것입니다. |

교장 선생님의 말씀을 끝으로 졸업식이 마무리되었다. 한명 한명 졸업장을 받고, 장학금도 모두 받았지만 역시나 인원이 적어 금방 졸업식은 마무리가 되었다. 졸업식장을 배경으로 사진 촬영하는 가족들도 몇몇 보였고, 마지막이라며 친구들끼리 사진을 찍는 아이들도 있었다. 어수선한 분위기가 마무리된 뒤 졸업생들은 하나둘 6학년 교실로 돌아와 자신들의 소지품을 챙기기 시작했다.

학생 1	선생님~ 올해도 미래초에 계세요?
이 교사	응, 선생님은 계속 있을 예정이야.
학생 1	앗싸~ 그럼 중학교 가서도 놀러 올게요.
이 교사	그래, 너무 소란스럽게만 오지 않으면 나야 당연히 환영이지!
학생 2	올 때 맛있는 거 사 올게요!
이 교사	빈손으로 와도 돼. 나중에 동생들이나 맛있는 거 사주고.
학생 2	네~ 선생님 1년 동안 6학년 하면서 재밌는 활동 많이 해서 즐거웠어요. 감사합니다!
이 교사	오, 희주가 졸업할 때가 되니까 진짜 철이 들었나 보다. 이런 말도 하고! 진짜 졸업해도 되겠는걸?

학생 2 원래 철은 들었거든요! 선생님 이제 가봐야 할 것 같아요. 부모님이 밖에서 기다려요. 오늘 점심은 제가 먹고 싶은 거 먹으러 가기로 해서 얼른 나가봐야겠어요.

이 교사 그래그래. 맛있게 먹고 중학교 가서도 건강해라!

학생 2 네~ 선생님도 건강하세요.

왁자지껄 아이들이 나가고 텅 빈 교실이 유독 크게 느껴졌다. 학년말 담임 선생님이라면 모두가 느낄 시원섭섭한 감정이었다. 이 감정을 뭐라 표현할지 모르겠지만, 여전히 적응되지 않는 쓸쓸함, 시원섭섭함 같은 감정이었다. 이 교사는 적응하지 못한 이 감정을 잃지 않는 것을 다행이라 여기고 있었다. 졸업식, 종업식이 있는 날은 학교 급식이 이루어지지 않았다. 때문에 친화회에서 단체 도시락을 주문하여 먹기로 하였는데 그때까지는 시간이 조금 남았다. 학생들의 책걸상이나 사물함을 정리하려다가 그만두고 교탁에 앉아 일전에 작성하던 AI 교육 선도학교 회의록을 마무리 짓기로 하였다. 2년 차 AI 교육 선도학교에서는 작년의 부족한 점을 보완하고 정리해야 할 것이기 때문이었다. 마침 키보드에 손을 올리고 있을 때 "똑똑" 노크 소리가 들렸다. 한 해 동안 같은 학년 군 수업을 해준 5학년 김다희 선생님이었다.

김 교사 선생님, 애들도 다 보냈는데 또 무슨 일을 하시려고 하세요. 휴게실에 박소현 선생님이랑 다른 선생님들 있는데 차 마시러 오세요.

이 교사 아, 그럴까요? 안 그래도 손에 일은 잡히지 않더라고요.

김 교사 그래요! 얼른 정리하고 오세요. 이제 내년에 몇 학년 하고 싶은지 선생님들이랑 이야기도 슬쩍 해봐야 하잖아요.

이 교사 네, 갑니다, 갑니다. 선생님은 내년에 몇 학년 하시려고요?

김 교사 저는 저학년 하고 싶긴 한데 어떻게 될지 모르겠어요. 다른 선생님 생각은 어떠실지 모르겠네요. 선생님은요?

이 교사 저는 6학년 한 번 더 해보고 싶기도 해요. 지금 5학년 아이들을 선생님께서 워낙 잘 키워주셔서 재밌는 활동을 잘 할 수 있을 것 같기도 하고요.

김 교사 제가 좀 잘 키워놨죠. 지금 5학년 아이들 정말 괜찮아요. 선생님이랑도 잘 맞을 것 같아요. 특히 도균이 같은 경우에는 6학년들 AI 수업하는 거 보고 늘 해보고 싶다고 우리도 하자고 노래를 불렀었거든요.

이 교사 오~ 그래요? 도균이는 AI 동아리도 아니어서 별 관심 없는 줄 알았는데.

김 교사 아니에요. 처음에는 AI라는 말이 무슨 말인지 몰라서 그 동아리에 안 들어갔다고 하더라고요. 나중에 AI 알고 나서는 동아리 바꾸고 싶다고 어찌나 난리를 피우던지…. 올해는 데리고 하세요.

이 교사 일단 6학년을 다른 선생님들께서 하고 싶어 하실 수도 있으시니까요. 한번 들어봐야겠네요.

휴게실 문을 열고 들어가자 이미 여러 선생님께서 앉아계셨다.

임 교사 선생님~ 졸업식 고생 많았죠? 좀 도와드렸어야 했는데 우리도 애들 본다고 제대로 도와드리지 못했네요. 대신 선생님이 좋아하는 커피는 우리가 내려놨으니 얼른 드세요.

이 교사 마음만으로 감사합니다! 커피면 충분하죠. 애들은 잘 보내셨어요?

임 교사 내가 정말 종업식은 조용히 넘어가는 줄 알았는데 아니 글쎄 성동이가 또 딱 마지막 시간에 사고를 하나 치는 거 있지!

김 교사 역시 성동이, 실망 시키지 않는군요! 뭔데요, 뭔데요?

[인공지능 교육과정과 연계하여 활용하기]

영역	세부영역	1~4학년	5~6학년	활용 내용	도구
인공지능의 이해	인공지능과 사회	인공지능과의 첫 만남 -인공지능이 적용된 여러 기기 체험하기 -인공지능이 인간보다 잘하는 것 구분하기	인공지능의 다양한 활용 -우리 주변 사물에 인공지능 기술 적용	다양한 AI 활용 사례	빅데이터 활용, 알고리즘 추천 시스템 사례
					구글 AI 실험실
	인공지능과 에이전트		약인공지능과 강인공지능 -인공지능 수준에 따라 약인공지능, 강인공지능 구분	현실에서 볼 수 있는 AI와 영화에서 볼 수 있는 AI 비교해보기	튜링 테스트
인공지능 원리와 활용	데이터	여러 가지 데이터 -생활 속에서 다양한 유형의 데이터(문자, 숫자, 이미지, 소리 등) 찾아보기	데이터의 중요성 -인공지능 적용된 교육용 도구를 활용하여 데이터의 양과 질의 중요성 알기 문자데이터 시각화	인공지능 학습시키기	code.org/ oceans
				꽃 찾아보기 체험	다음 꽃 검색
				데이터 기반 다섯 고개 퀴즈 만들기 자기 소개하기	엔트리 다섯 고개 퀴즈 만들기 워드클라우드
		수치 데이터 -데이터를 그래프(그림그래프, 막대그래프 등)로 표현하기	데이터 경향성 -제시된 데이터를 통해 새로 입력된 데이터의 결과 예측	많은 수치 데이터 찾아보기	공공데이터 포털
				숫자 데이터를 통해 변수에 따른 값 추측하기	엔트리 지도 학습
				데이터 표로 나타내기	엔트리 데이터 분석
	인식	컴퓨터의 인식 장치 사람의 감각기관과 컴퓨터 입출력기기 비교하기	컴퓨터의 인식 방법 -다양한 센서를 통해 입력받은 정보를 컴퓨터가 인식하는 방법	우는 표정, 웃는 표정, 나이 등 구분하기	엔트리
				센서로 동작을 파악하여 이미지 추천하기	무브미러
				오디오 감지하여 발화 인식하기	엔트리
				텍스트를 인식하여 오디오로 바꾸어주기	클로바 더빙
				움직임 인식하여 음악 연주하기	세미컨덕터

34. 에필로그: 코로나 시대 인공지능 교육의 방향

				이미지 학습으로 페트병 분류하기	엔트리
분류, 탐색, 추론	특징에 따라 분류하기 특징을 찾고 특징에 따라 분류하기	인공지능 분류 방법 -사람의 특징을 파악하여 분류 기준 찾기, 의사 결정 나무를 만들어 사물 분류		인공지능 학습시키기	https://teachable machine.withgoogle.com
				범주와 대상 연결하기	구글 트렌드, 네이버 데이터 랩
		지식 그래프 -단어의 연관 관계를 지식 그래프로 표현			
기계학습과 딥러닝	인공지능 학습 놀이 활동 -놀이를 통해 인공지능 학습 과정 체험	기계학습 원리 체험 -인공지능의 적용된 교육용 도구를 통해 기계가 학습하는 과정을 설명할 수 있다.		내가 그린 그림을 보고 무엇인지 맞추기	퀵드로우
				이미지 학습시켜 가위바위보 AI만들기	엔트리
				선율 입력하여 AI활용하여 반주하기	두들 바흐
				질문에 자동으로 대답하는 챗봇 만들기	카카오톡 챗봇 만들기
				수많은 데이터를 기반으로 내가 그린 그림 무엇인지 맞추기	https://quickdraw.withgoogle.com
				내가 그린 낙서를 그림으로 바꾸기	https://www.autodraw.com
				프로그램이 제시하는 단어의 물체를 카메라로 비추기	https://emoji scavengerhunt.withgoogle.com
				이미지를 다양한 화풍으로 표현하기	딥드림제너레이터
				칭찬과 모욕을 인식하는 봇 만들기	https://machine learning forkids.co.uk

인공지능 영향력	인공지능 영향력	우리에게 도움을 주는 인공지능 -우리에게 도움을 주는 인공지능 서비스, 제품 찾아보기	인공지능과 함께 하는 삶 -인공지능을 효율적으로 사용하기 위해 어떤 역할과 권한을 부여할지 제시	우리에게 도움을 주는 번역 AI 만들기	엔트리 번역
				미래인공지능 서비스 상상해보기	학습지
	인공지능 윤리		인공지능의 올바른 사용 -올바르게 사용하는 방법 알고 생활 속에서 실천	AI 관련 윤리 알기	자율주행 자동차와 윤리 트롤리 딜레마

학습지
예시 답안

( )학년 ( )반 ( )번
이름 :

◇ 챗봇으로 영어 사전을 만들기 위한 언어 데이터를 수집해 봅시다. 주어진 표현을 바르게 바꾸어 적어보세요.

1	공기	➡	air
2	사방에	➡	around
3	새	➡	bird
4	일찍	➡	early
5	모든	➡	every
6	맑은	➡	fresh
7	일어나다	➡	get up
8	~안에	➡	inside
9	질문	➡	question
10	준비가 된	➡	ready

<table>
<tr><td>

다양한 화풍 감상하기

</td><td>

( )학년 ( )반 ( )번

이름:

</td></tr>
</table>

◇ 딥드림제너레이터(https://deepdreamgenerator.com)에서 화풍을 바꾼 이미지입니다. 원본 이미지와 바뀐 이미지를 비교하여 감상해봅시다.

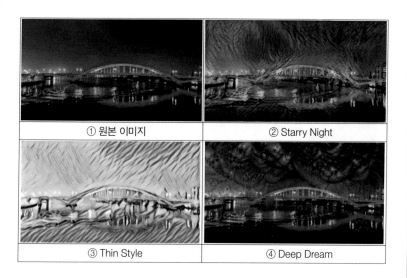

① 원본 이미지   ② Starry Night

③ Thin Style   ④ Deep Dream

(1) ①~④번 중 가장 마음에 드는 그림은 몇 번인가요?
그 이유를 적어봅시다.

    가장 마음에 드는 그림은 (③)번입니다. 그 이유는

    원래 어두웠던 사진이 내가 좋아하는 밝은 색깔로 바뀌었기

    때문입니다.

(2) 내가 좋아하는 사진을 골라 원하는 화풍으로 바꾸어 본 후 소감을
적어 봅시다.

    내 사진이 유명한 화가의 그림처럼 바뀌는 것이 신기했다.

    특히 사람 얼굴을 바꿀 때와

    풍경을 바꿀 때 같은 화풍이지만 느낌이 달랐다. 풍경은 3번

    화풍이 좋았지만 사람 얼굴을 바꿀 때는 조금 더 물감으로

    그린듯한 화풍이 마음에 들었다.

두들 바흐로 작곡하기

◇ 두들 바흐 프로그램을 이용한 작곡을 위해 원하는 기본 음을 만들어 봅시다. $\frac{4}{4}$박자는 한 마디 안에 4분 음표(1박)가 4개 들어갑니다. 한 마디 안에 들어있는 음표의 길이를 모두 합쳤을 때 4박이 되어야 한다는 의미입니다. 다음 음표의 길이를 참고하여 $\frac{4}{4}$박자에 들어갈 수 있는 여러 가지 리듬꼴을 만들어 봅시다.

그림	이름	박	음표의 길이	그림	이름	박	음표의 길이
𝅝	온음표	4박		♩	4분 음표	1박	
𝅗𝅥.	점2분 음표	3박		♪.	점8분 음표	반박반	
𝅗𝅥	2분 음표	2박		♪	8분 음표	반박	
♩.	점4분 음표	1박반		♬	16분 음표	반의반	

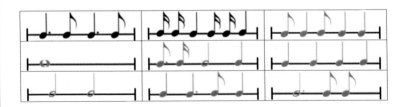

◇ 위의 리듬꼴 중 두 가지를 골라 적절한 음높이로 배치하여 기본음을 만들어 봅시다.

〈내가 고른 리듬꼴〉

그림으로 다시 태어난 사진

( )학년 ( )반 ( )번

이름 :

◇ 사진을 멋진 그림으로 재탄생 시킬 수 있을까요? AI의 도움을 받아 그림을 그려봅시다.

01. 내가 좋아하는 대상의 사진을 한 장 고릅니다. 이미지는 대상의 모습이 잘 드러나고 배경이 단순한 사진이 좋습니다.	02. 'https://www.kapwing.com/cartoonify'에 접속하여 내가 고른 사진을 업로드 합니다.

03. 그림으로 변환한 이미지의 빈 부분을 내가 원하는대로 그려봅시다.

◇ 사진을 그림으로 바꾸었을 때 그림의 완성도가 높아지려면 어떻게 해야 할까요?

아주 많은 양의 사진 이미지와 그에 어울리는 그림의
정보를 AI에게 학습시킨다. 등

빅데이터 활용하기	( )학년 ( )반 ( )번
	이름 :

◇ 빅데이터를 활용하기 위해서는 데이터 간의 연관성을 찾아야합니다.

〈보기〉

영화의 장르	#액션	#애니메이션	#SF	#코미디	#공포	#전쟁
	#스포츠	#판타지	#뮤지컬	#멜로	#드라마	#교육
영화의 주인공	#어린이	#어른	#커플	#캐릭터	#가족	#동물

◇ 〈보기〉를 참고하여 다음 영화들의 정보를 정리하고, 공통 요소를 찾아 봅시다.

제목	이웃집 토토로	미니언즈	스폰지밥
장르	#판타지 드라마 #애니메이션	#판타지 코미디 #애니메이션	#판타지 코미디 #애니메이션
주인공	#어린이 캐릭터	#캐릭터	#동물 #캐릭터

◇ 위와 같은 영화를 좋아하는 사람에게 추천할 수 있는 영화는 (캐릭터)가 주인공 으로 나오는 (판타지, 애니메이션) 장르의 영화입니다.

◇ 유사한 영화로는 (라바)가 있습니다.

◇ AI가 영화를 추천할 수 있도록 더욱 많은 빅데이터를 모아봅시다.

<table>
<tr><td colspan="2">

폭염 일수 예측하기

</td><td>

( )학년 ( )반 ( )번

이름 :

</td></tr>
</table>

◇ 폭염이란?

> 평년보다 기온이 매우 높아 더위가 심해져 일상생활에 지장을 줄 정도가 되는
> 상태다. 폭염 일수는 일 최고기온이 33℃ 이상인 날의 수를 의미하며, 전일의
> 폭염일 여부는 다음날 오전 6시 35분부터 확인이 가능하다.

◇ 인공지능은 빅데이터를 활용하여 미래를 예측할 수 있습니다. 기상청
　기상자료개방포털의 데이터를 참고하여 올해의 폭염 일수 및 발생 월
　을 예측해봅시다.

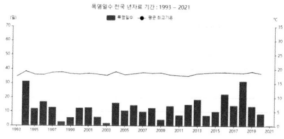

〈최근 30년간 폭염 일수〉

연도	폭염 일수 합계	연도	폭염 일수 합계	연도	폭염 일수 합계
1991	3.7	2001	11.5	2011	6.4
1992	5.9	2002	5.4	2012	14.0
1993	0.1	2003	1.2	2013	16.3
1994	29.5	2004	14.7	2014	6.6
1995	10.1	2005	9.6	2015	9.5
1996	15.6	2006	13.3	2016	22.1
1997	11.9	2007	8.7	2017	13.4
1998	2.4	2008	11.1	2018	31.0
1999	5.3	2009	3.6	2019	7.6
2000	11.2	2010	12.4	2020	0.1

(1) 폭염 일수가 가장 적은 해는 몇 년도 인가요?

(1993, 2020)년도, (0.1)일

(2) 폭염 일수가 가장 많은 해는 몇 년도 인가요?

(2018)년도, (31)일

◆ 조사 결과를 빅데이터로 활용하여 올해의 폭염 일수를 예상해봅시다.

독서 다섯 고개 퀴즈 만들기

◇ 엔트리를 사용한 다섯 고개 퀴즈를 만들기 위한 준비를 해 봅시다.

(1) 도서관에서 선정한 이번 달 권장 도서 중 한 권을 골라 봅시다.

(　레미제라블　)

(2) 위의 도서에 등장하는 등장인물 중 내가 설명하고 싶은 인물을 쓰고 특징을 적어봅시다.

등장인물 이름 : (　장발장　)	
생김새	덩치가 크고 행동이 날쌔다.
성격	정이 많고 정의롭다.
가족	수양딸 코제트와 둘이 산다.
특징1	빵을 훔친 이유로 감옥살이를 하였다.
특징2	형사 자베르에게 쫓기고 있다.

(3) (2)의 내용을 바탕으로 다섯 고개 퀴즈를 만들어 봅시다.

〈주의 사항〉

※ 다섯 고개 문제는 점점 범위를 좁혀갈 수 있도록 처음부터 너무 자세한 힌트를 주지 않는다.
※ 다섯 고개 설명에 해당하는 다른 등장인물이 책 속에 더 있는지 살펴본다.

①	이 등장인물은 덩치가 크고 행동이 날쌘 남자입니다.
②	정이 많고 정의로운 성격입니다.
③	가족은 수양딸과 자신 2명입니다.
④	젊은 시절 감옥살이를 했습니다.
⑤	감옥살이를 한 이유는 빵을 훔쳤기 때문입니다.

퀵드로우 데이터 수집하기

◇ 퀵드로우가 사용자들의 그림이 무엇인지 맞힐 수 있는 이유는 무엇일까요?

(④)

① 사용자들이 그림을 완벽하게 그려서
② 어떤 그림을 그리든 상관없이 정해진 정답을 말하기 때문에
③ 실시간으로 사용자의 그림을 확인하는 사람들이 정답을 입력해서
④ 입력되어있는 여러 데이터와 사용자의 그림을 비교·분석하기 때문에
⑤ 그림을 그리는 사용자의 생각을 텔레파시로 맞추기 때문에

◇ 퀵드로우가 대상에 대한 데이터를 수집하기 위해 다양한 모습의 토끼 그림을 그려봅시다.

◆ 5초 안에 빠르고 단순한 그림으로 토끼를 그려야 합니다.
◆ 친구들의 그림을 모아 최대한 많은 데이터를 수집해 봅시다.

펜팔 친구에게 편지 쓰기

◇ 영어를 사용하는 나라의 동갑의 친구에게 펜팔을 쓰려고 합니다. 한국말로 먼저 적은 후 내가 만든 엔트리 번역 프로그램(파파고)를 이용해 번역해봅시다.

 한국말 편지

미국 친구에게

안녕? 나는 한국 초등학교에 다니는 13살

김하나라고 해. 사회 시간에 미국의 자연과 문화에

대해 배웠어. 미국은 우리나라와 다르게 아주 큰 땅과

다양한 자연환경이 있다는 것을 알게 되었지.

다음에 내가 미국에 가면 구경시켜줘. 그럼 안녕.

한국 친구 하나가

영어 편지

To my American friend

Hi, I am Hana Kim and I am 13 years old

in Korean elementary school. I learned about

American nature and culture in social

studies. I learned that America has a very large

land and diverse natural environment unlike our

country. Show me around when I go to America

next time. Bye then.

From Korean friend Hana

AI와 윤리

( )학년 ( )반 ( )번

이름 :

◇ 트롤리(선로 위를 달리는 전차) 딜레마에 대한 이야기를 들어보았나요? 다음은 트롤리 딜레마의 상황을 운전자의 입장에서 재구성한 것입니다. 나는 어떤 선택을 할 것이며 그 이유는 무엇인지 서술해봅시다.

당신이 운전하는 차는 속력을 멈추지 못하고 보행 중인 사람들과 마주치게 되었습니다. 이대로 간다면 어린아이와 그의 젊은 엄마를, 방향을 바꾼다면 그 앞에 걸어가던 노부부를 치게 되고 맙니다. 자동차를 멈출 수 없고 차에 부딪힌 사람들은 반드시 죽습니다. 이때 당신은 어떤 선택을 할까요? 방향을 바꿀 것인가요, 바꾸지 않을 것인가요?

나라면 방향을 (바꿀) 것이다. 그 이유는

네 사람의 생명 중 어린아이의 생명을 가장 지켜줘야 할 것

같기 때문이다. 사람의 목숨에 더 중요하고 더 중요하지 않은

것은 없지만, 내가 노인이라면 아이 대신 내가 죽는 것을

택할 수 있을 것 같다.

◇ 위와 같은 상황에서 정해진 답은 없습니다. 사람들은 저마다 생각하는 자신만의 가치에 의해 선택을 하게 됩니다. 그렇다면 AI 기술로 운행하는 자율주행 자동차의 경우에는 어떨까요? 자율 주행 자동차도 사람과 같이 가치판단을 할 수 있을까요?

다음 사이트는 무인자동차와 같은 인공 지능의 윤리적 결정에 대한 사람들의 인식을 수집하기 위한 사이트입니다. 희생자의 숫자, 연령, 교통법규 준수의 여부 등 다양한 조건에서 나의 선택과 평균적인 선택이 어떻게 다른지 살펴봅시다.

 모럴 머신

검색창에 "모럴 머신"을 검색하거나 주소창에 https://www.moralmachine.net/hl/kr을 입력하세요.

학예회 전시 준비 계획서

◇ 이번 학예회에서 AI와 관련된 내용을 전시하여 친구들에게 AI 기술을
알리려고 합니다. 구체적인 전시 계획을 그림과 글로 나타내봅시다.

전시 내용	AI로 만든 모션 인식 프로그램
전시 장소	강당
만들어야 할 것	모션 인식에 대한 설명 판넬, 생활 속에 사용되는 모션인식
준비물	우드락, 색지, 매직, 모션 인식 활용 사진, 테이프, 노트북, 상품 등
체험 활동	엔트리를 이용한 가위바위보 프로그램
〈그림〉